Glória Leite

Sou um verme. Mas quem não é?!

Sátira Política

AF138843

Glória Leite

Sou um verme.
Mas quem não é?!

Sátira Política

Livros da mesma autora

1. Mas posso levar meu laptop? (2006)
3. Wir spielen und kiffen, was sonst? Politische Satire (2010)
4. Mein Lieber Herr Mann! – Eine Brasilianerin in Deutschland erzählt (2011)

Autora

Glória Leite nasceu em Teresina - Piauí, estudou História na UFF, morou em diversas cidades brasileiras e EUA, e vive hoje em Hamburgo, Alemanha.

Esta obra é de ficção, mas se algum político identificar-se com o personagem, não será mera coincidência

Para o povo que acredita
existir esperança

Indicação de fontes bibliográficas:
Ephraim Kischon: Mein Kamm
Franz Kafka: A Metamorfose
Victor Hugo: Os Miseráveis

Vollständige Taschenausgabe
Alle Rechte vorbehalten
Copyright © 2006 by Glória Leite
gloria.leite@googlemail.com
Capa e projeto gráfico:
Herstellung und Verlag: Books on Demand GmbH, Norderstedt
Printed in Germany
ISBN: 978-3-7357-2574-5

ÍNDICE

Europa

Quando meus pais vieram para a América do Sul, fugindo de mais uma guerra que assolava a Europa, era moda corrente na sua terra dizer que quem vinha para cá eram os criminosos, assassinos e ladrões de bancos, quando não batedores de carteira, os vulgarmente conhecidos *punguistas* e que o povo daqui não gostava de trabalhar. Meu pai não se impressionou, ainda mais que na sua família tais atividades eram normais.

De acordo com meus pais, a vida no velho continente era agradável, não fossem as constantes guerras fabricadas pela aristocracia decadente, mas dona das terras e do dinheiro; a cobiça da grande burguesia, liberal nos princípios, mas covarde na prática; a dureza do frio e a neve que se acumulava nas ruas até um metro ou mais de altura; o desagradável vizinho judeu, com seu olhar de gavião, e a perseguição pela qual passaram nos últimos tempos em que viveram por lá.

Fora isso, era tudo muito bom!

Desde sempre, a família do meu pai trabalhou na área da agiotagem ou na chamada profissão da bolsa, quero dizer: eles eram elegantes batedores de carteira e usavam as costumeiras camisas de mangas largas, para encobrir suas ágeis mãos de artesãos do roubo. Meu pai contava que os jornais os classificavam de resíduos da sociedade – o que o fazia rir, pois alguns de seus amigos, que o criticavam por não se empenhar no trabalho honrado e à dura jornada de quinze horas diárias, também eram chamados de "resto". Naqueles tempos, quem tivesse que trabalhar para sustentar a própria família e não pudesse dedicar-se aos prazeres do pensar e penetrar nos mistérios da Filosofia era pobre. E a diferença entre a pobreza e o resíduo humano era imperceptível.

A aristocracia não trabalhava e por isso sobrava-lhe muito tempo para pensar e maquinar grandes batalhas. Mas, se era bom para ela, porque morria muita gente e com isso sobrava mais terra para seus herdeiros, para as crianças do povo era ruim, pois tinham que aprender sobre as guerras, nos livros. Segundo meu pai, era uma coisa bonita de se ver: a união da nobreza europeia constituída de parentes, protegendo seus próprios interesses.

Pelo lado da família de minha mãe, a história foi bem diferente. Minha avó enviuvou cedo, casou-se novamente e com as duas filhas foi morar com o novo marido paralítico; o qual vivia em companhia do filho, num apartamento térreo, onde montaram um pequeno negócio para vender não só pirulitos e outros doces, mas também batatas e outros legumes. Que o negócio da família seria herdado por seu irmão adotivo, ah, isso estava claro; tanto é que, para minha mãe e sua irmã, destinaram o trabalho numa grande fábrica de tecidos, que há muito se instalara nas proximidades da cidade. Mamãe, pobre coitada, questionou a decisão da família, pois temia perder a capacidade de sentir, ao observar que os trabalhadores, repetindo os mesmos movimentos milhões de vezes, durante anos consecutivos, desenvolviam desordem moral, apesar da aparente ordem social. Muitos eram alcoólatras, faziam baderna em casa e realizavam de maneira amadora o que a família do meu pai praticava com profissionalismo. Morriam cedo por doenças provocadas pela insalubridade das fábricas e moradias. E os filhos pequenos trabalhavam para complementar o salário miserável da família.

Foi nessa época que a vida dos meus pais sofreu uma mudança radical.

A aristocracia, junto com os parlamentares escolhidos a cada quatro anos, num processo corrupto-democrático, pôs-se a pensar, mas não conseguiu elaborar nenhuma grande catástrofe. Foi quando o futuro grande Guia da nação foi expulso, por injusta causa, da firma onde trabalhava – tudo o que lhe mandavam, fazia errado. Sentindo-se violado nos seus direitos por seu chefe careca, desabafou com um amigo jornalista, o qual escreveu em sua defesa. A reportagem mostrou o quanto os carecas eram exploradores e perigosos para a sociedade.

Meu pai contou que a briga poderia ter ficado restrita a eles três, não fosse a grande insatisfação do povo com os resultados da última guerra que os setores pensantes da sociedade promoveram e que sobrou – mais uma vez – para os pobres. Meu pai, por exemplo, num ato de honestidade, quis comprar um relógio de algibeira em vez de simplesmente bater o de algum velho, nas ruas movimentadas do centro da cidade. O problema foi que, por ninguém ter dinheiro e ele não conseguir roubar o necessário para juntar, sentiu-se injustiçado, ainda mais depois de observar que o relojoeiro do seu bairro também era careca. Papai não demorou a ver nele um explorador e juntou-se ao movimento que se propagou rápido, como vermes em cadáver, espalhando-se por toda a nação. Em pouco tempo, o país encontrou um bode expiatório para suas agruras e, com razão, uniu-se para combater a causa de sua desgraça. O entusiasmo foi contagiante e, como resultado, a indústria de perucas floresceu. A pesquisa científica na área da calvície e a produção de misturas contra a perda de cabelo se expandiram. As massas foram às ruas e, em consequência, o Guia desempregado e seu companheiro de luta, o jornalista, fundaram o partido Novo Sabelianismo, com o objetivo de perseguir e exterminar todos os carecas. E o jornal que fundaram em seguida veio para responder aos anseios da população que clamava por informações. No início, foram abertos diretórios apenas nas cidades grandes, mas, devido à intensa procura, membros destacados das comunidades organizaram-se e ofereceram-se para abrir representações nas cidades pequenas, até em vilarejos minúsculos.

No dia seguinte à fundação do partido na sua cidade, papai foi morrendo de frio, às três horas da manhã, esperar diante do pequeno escritório para se registrar. Mas qual não foi sua surpresa ao deparar-se com a longa fila composta por diversos amigos delinquentes. Por mais que tentasse passar a perna nos outros, não conseguiu o tão desejado número 1 de inscrição. Teve que se conformar com o 25.

Minha avó não aderiu à concepção idealista da estética e discordou da ideia de dizimar todos os carecas. Afinal, seu segundo marido era dono de uma acentuada calvície que o atormentava desde a juventude. Para despistar, ele costumava puxar para frente da cabeça os ralos fios da nuca, que grudava na fronte com ajuda de uma cola feita de um cozidão, que minha avó preparava com ossos e peles de galinha ou peixe. Essa receita ela recebeu de seus avós que herdaram de seus ancestrais e da qual existem registros desde o ano de 1.470 a.C., ainda dos tempos dos faraós. Se minha mãe não gostava dele por conta do mau cheiro que exalava da cabeça e por lhe proibir de trabalhar na venda, ao aderir à filosofia do repúdio aos carecas, passou a ter mais uma razão para odiá-lo.

As posições na casa de vovó definiram-se entre *radicalmente contra* ou *extremamente a favor* dos carecas. O ambiente tornou-se tenso; o que provocou discussões acirradas entre mamãe e seu irmão adotivo, que amava o pai e por isso o defendia.

— Vou denunciar seu pai — ameaçou minha mãe aos berros, durante mais um dos intermináveis colóquios que aconteciam regularmente no seio da família.

— Se dane! — respondeu seu irmão e lhe deu uma banana. Ainda com o braço levantado, aproveitou o movimento e ofereceu-lhe o dedo médio para enfiar onde melhor lhe apetecesse.

Claro que dessa maneira, os dois não chegavam a consenso nenhum e, como de hábito, naquela noite, ele, chegado numa grapa, saiu batendo a porta e xingando o Guia. Mamãe nunca confessou ter tido qualquer tipo de ligação com o que posteriormente aconteceu. Mas, ao retornar de madrugada, seu irmão foi abordado por um punhado de militantes do partido, os quais organizados como só eles podiam ser, divertiam-se a quebrar carros e espancar pessoas nas ruas. Evidentemente sobrou para ele. Recebeu uma porrada na nuca, que o incapacitou de herdar os negócios da família. Dizer que mamãe se entristeceu seria mentir, pois, sempre que contava esse fato, seus olhinhos azuis brilhavam como duas águas marinhas. Ela herdou a loja do padrasto por ser a melhor nos negócios e assumiu a direção da família.

O primeiro ato de mamãe ao apropriar-se da loja foi acabar com a venda de docinhos e legumes e investir tudo o que conseguiu juntar na expansão dos negócios com perucas. No dia em que foi à fábrica encomendar as primeiras cinco mil amostras, conheceu meu pai, que se encontrava no escritório, recolhendo a contribuição que o diretor doava ao partido em retribuição à perseguição que fazia aos carecas. Bem que mamãe vestia uma roupa *sexy*, mas papai pareceu não se interessar por sua feminilidade. Afinal se encontrava em jogo uma polpuda porcentagem do volume da encomenda que ela fizera. De olho comprido, perguntou seu nome e disse que gostaria de visitá-la. Mamãe achou que ele se encantara com ela e logo lhe deu o endereço. Não demorou mais do que vinte e quatro horas para papai bater à porta, na esperança de receber uma margenzinha de lucro. Raposa esperta, minha mãe o esperou, vestindo-se de maneira mais sedutora que no dia anterior e, com lábia, mostrou quem dos dois tinha cérebro. Meu pai caiu na rede como um peixe e, naquele mesmo dia, convidou-a para jantar. Roupa *sexy* e trabalho aqui, perucas ali e comissão acolá, não demorou para os dois estarem totalmente envolvidos, e o casamento foi apenas uma questão de tempo. Os padrinhos foram nada mais nada menos que o Guia, que honra!, e o jornalista que o apoiava. Papai não nega que se tornara importante dentro do partido. Mas foi a consagração ter os dois cérebros como convidados especiais.

— Estou muito orgulhoso de mim — repetia papai, com modéstia, a todo instante no dia do casamento.

— Estou tão feliz, Lobinho, por você ter escolhido a mim — dizia mamãe a meu pai a cada minuto.

Evidentemente, o padrasto de mamãe não pôde participar da cerimônia, pois fora desmascarado durante uma festa de rua, umas semanas antes do casório. Naquele domingo, ao empurrar bruscamente sua cadeira de rodas, a mão escorregou de uma roda e o cabelo descolou da parte frontal da cabeça, deixando-o exposto ao achincalhamento da vizinhança. "Que vergonha!" – foi o que mamãe conseguiu dizer durante todo o percurso de volta para casa. Agora todos sabiam que sua família havia vivido uma farsa. Foram desmascarados e confrontados com a verdade nua e crua! Minha mãe só chorava de raiva ao lembrar como todos apontaram para seu padrasto aos gritos: "Careca, careca, careca!" O pior de tudo foi pensar que, caso sua mãe decidisse protegê-lo da perseguição dos vizinhos e autoridades, ele teria que se esconder por tempo indeterminado.

A meta do Guia era tomar o poder a qualquer preço e para isso só não vendia a mãe porque esta já morrera e o pai ele não conhecera. As lendas em torno dele lentamente começaram a tomar corpo e, segundo boatos, ele costumava ficar horas a fio, de pé com o braço direito estendido para cima, treinando para as solenidades e grandes desfiles que planejava organizar.

Membros do partido frequentemente invadiam bares e centros culturais frequentados por carecas. Nessas ocasiões, quebravam tudo o que encontravam pela frente, inclusive a cabeça dos idosos que traziam carecas mais acentuadas. Numa ocasião, bateram a cabeça de um, na quina da mesa onde ele jogava baralho e riram com o barulho oco que produziu.

— Desse não tem nada dentro! — falou um dos valentes asseclas de papai, referindo-se à cabeça quebrada do infeliz.

Bem que papai naquele dia aconselhara os gorilas, que o acompanhavam, a deixarem seus porretes de lado e tentarem o diálogo, mas parece que nessas horas as pessoas perdem a razão e o controle sobre si mesmo. Como consequência, quando um dos frequentadores tentou cruzar a sala rastejando por baixo do balcão, foi puxado pela perna e levado até a rua. Quebraram suas mãos, para aprenderem a não perder tempo jogando cartas.

O ego de papai crescia dia-a-dia. Logo que o poder central foi tomado, ele se apossou da Secretaria das Finanças, a qual se encontrava recheada pelas doações que os membros e admiradores do partido faziam regularmente. Trabalhar dentro da engrenagem do governo deu-lhe segurança. Ele não precisava mais se expor ao roubo direto ou correr o risco de ser pego batendo carteiras. Agora ele fazia às claras – através da política.

Só para dar um exemplo da importância de papai na hierarquia do movimento, gostaria de deixar registrado que, na noite em que foi dada a ordem para os sabelianistas atacarem os carecas e quebrarem as vidraças de suas lojas, papai encabeçava a lista dos dirigentes. Foi dele o comando "Ou dá ou desce!" Os professores que criticaram sua atitude foram expulsos dos colégios locais em que lecionavam e dos intelectuais foram queimados os livros.

Com o passar do tempo, os métodos racionais de convencimento do partido foram se modernizando. Aprofundou-se o estudo da origem do Homem, desenvolveram teorias antropológicas, novo sistema de medição do crânio e máquinas sofisticadíssimas foram desenvolvidas para contar e diferenciar os fios de cabelo originais dos implantados. Os raios-X passaram a ser utilizados para detectar topetes feitos com cabelos de membros da mesma família, etc. Quem não se sentia atraído pelas novas propostas era convencido pelo método emocional. Pregavam cartazes nos muros das cidades com fotos de crianças e jovens bem alimentados, trabalhando em grupos. "Somente juntos atingiremos o céu", proclamavam em letras garrafais. "Tu não és nada, teu povo é tudo", reproduziam o que dizia o Guia. "Teu corpo pertence à nação e tu tens a obrigação de ser saudável", repetiam incansáveis. Caso alguém tentasse se desvencilhar dos convincentes argumentos, o partido relembrava aos indecisos os horrores da Revolução Francesa; se o indivíduo insistisse em procurar um caminho fora dos ideais do Guia, era aterrorizado com um futuro comunista. "O presente somos nós!", ecoava a cada discurso.

Meses após o casamento, como presente, papai foi promovido e transferido para o sul do país, exatamente para a cidade onde o movimento sabelianista surgiu. Recebeu ali uma casa para morar, um pouco maior do que o quarto e sala que habitara anteriormente. Os oito dormitórios – fora as quatro salas – foi exigência de mamãe que planejava parir muitos rebentos. Seu desejo era corresponder à política do partido, que estimulava as mulheres a gerarem muitas crianças. Amigas suas receberam medalhas ao atingir a marca dos sete filhos. Mas a consagração mesmo vinha com o décimo. E, com o décimo quinto, a mulher recebia a medalha mais importante: equivalente a morrer matando pela pátria, no campo de batalha.

Bastou mamãe botar o pé na nova casa para engravidar; o que a estimulou duplamente a se engajar na nova tarefa de planejar e decorar os quartos das diversas crianças. Mas claro que ela não fez tudo sozinha. Para isso, papai arranjou, com a direção local do partido, vários carecas que trabalharam muitas horas sem nada receber. Mamãe dava apenas as ordens. Ao perguntar-lhe se o fato de não os ter pago não teria sido uma forma de escravidão – desde que eles não fizeram o trabalho por achá-la simpática nem bonita – ela respondeu que não, pois não eram chicoteados nem colocados a ferro.

Quase esqueci de contar que, ao casar-se, mamãe abriu mão e passou a loja de perucas para sua irmã Paula, que assumiu a administração. Infelizmente, sua irmã não tinha o mesmo tino comercial e, dentro de alguns meses, a venda caiu a ponto de não mais dar lucro e ter que cerrar as portas por falta de clientes. Mamãe era realmente a alma do negócio! Comprar e vender estavam no seu sangue, assim como respirar e sonegar impostos. Por isso mesmo, ressentia-se pelo partido excluir as mulheres dos quadros de direção; o que, de certa maneira, era compensado pela valorização do *status* de dona de casa. O Guia dizia que lugar de mulher era na cozinha, cuidando de criança e obedecendo às ordens do marido. Apesar de discordar, ela aceitava por amor a meu pai e à sua causa. Ajudava no que podia, inclusive, organizando festas e bazares.

No terceiro mês de gravidez, mamãe se entalou com um caroço de abacate. Um capitão de um submarino trouxe o bendito da América do Sul e lhe presenteou, sem, no entanto, comunicar-lhe que da fruta só se comia a polpa. Não preciso dizer que a falta de ar fez com que perdesse a criança e que, dali em diante, tomasse aversão a abacate. Após aquele incidente, várias gravidezes se sucederam; porém, todas fracassaram logo no início, impedindo mamãe de realizar o objetivo dos sabelianistas que propagavam a geração de crianças como ração de canhão. Quanto mais o tempo passava e nenhuma criança ocupava sequer um dos lindos quartos decorados com esmero, o impasse aumentava, gerando tensão entre meus pais. Desiludida, mamãe propôs que papai arranjasse outra mulher. Fez, inclusive, uma carta ao partido conclamando as esposas que não conseguissem atingir a meta de dez crianças a abrirem mão do egoísmo da monogamia e que aderissem à poligamia. Tudo pelo partido! Dizia cônscia de suas responsabilidades.

O Guia era puro orgulho por tamanha dedicação. O ideal

sabelianista era perseguido não só pelos membros masculinos do partido como também por suas mulheres.

Mas mamãe não demorou a perceber um detalhe. Sempre que se encontravam para tomar café com bolo, as esposas traziam seus inúmeros filhos, enquanto ela nada tinha a mostrar. Passou, então, a evitar os convites e a isolar-se em casa. As amigas deixaram de visitá-la e as noitadas para os jogos de cartas rarearam. As encomendas para os bazares desapareceram e, por fim, mamãe entrou em depressão até o ponto de papai acreditar que morreria.

Com o início da guerra, o isolamento por qual passava foi esquecido momentaneamente. Mas, de acordo com que os fronts de batalha se expandiam e a necessidade por soldados aumentava, os olhares enviesados contra mamãe se acentuaram. Mesmo os meninos entre seis e oito anos já eram chamados para defender a pátria. E mamãe não tinha nada a oferecer.

Um dia, quando sua cabeleireira confessou-lhe o desejo de emigrar, perguntou-lhe a razão.

— Não que eu tenha qualquer relação com carecas, mas quase não tenho mais clientes. Todos se negam a cortar os cabelos com receio de serem taxados de "careca". Além do mais não compactuo com esse movimento; acho que as pessoas não podem ser julgadas apenas pela aparência externa.

Minha mãe ouviu o desabafo, mas nada comentou. Ela sempre fora a favor da perseguição. Acreditara com convicção na pureza dos ideais sabelianistas. No fundo não gostava de ouvir argumentos contrários às suas crenças. Porém, desde que passara a sofrer na própria pele os desígnios da natureza – incapacidade de segurar uma criança no útero – e rejeição por parte dos conterrâneos por algo que lhe era inerente, começou a perceber que uma moeda era feita de dois lados. Carequice não era opção. Tal fato não tornava ninguém melhor ou pior.

— Bom era o tempo em que as pessoas sentiam-se livres para usar o cabelo do jeito que quisessem — desabafou a cabeleireira, que se chamava Isolda.

— Você tem algum plano? — perguntou mamãe. Estava curiosa e surpresa ao mesmo tempo por descobrir que existiam outras possibilidades na vida além de perseguir os outros.

— Ainda não sabemos bem — respondeu Isolda, insegura em passar informações a alguém de dentro do partido.

Daquele dia em diante, a conversa não saiu da cabeça de mamãe, que passou a frequentar o salão três vezes por semana. Conversa vai, conversa vem, meus pais viram que tinham algo em comum com a cabeleireira casada com Wagner: o desejo de fugir daquele mundo onde a questão estética levava todos a usar um único padrão aceitável de beleza.

Sem barulho, para não chamar a atenção, mas ordenadamente, papai iniciou com outros membros do partido, o envio de pequenas quantidades de dinheiro e ouro para a América do Sul. Tudo foi feito em surdina, por receio de que alguém do povo descobrisse e perguntasse: Nós mandamos nossos filhos morrerem pela pátria e lhes negamos o direito de viverem por ela. Por que vocês, que não geraram filhos, fogem?

Não acredito que meus pais, com a fuga, ou melhor dizendo, com a saída do país, tenham sido egoístas. Creio terem sido apenas cautelosos.

Adaptação à nova Pátria

Atravessia do Velho para o Novo Mundo foi feita sob fogo cerrado. Os mares encontravam-se infestados de submarinos, frotas de navios aliados e inimigos vigiavam cada palmo de água. Mas para meus pais valeu a viagem e o risco que passaram, pois nessas horas o que conta é salvar a própria pele, e a deles, com o final da guerra, não valeria um tostão furado.

Não gostaria de me aprofundar e perder tempo narrando o que se passou na Europa após a saída deles e de seus amigos, a cabeleireira Isolda e seu marido Wagner. Portanto, farei um atalho para encurtar a história e contarei apenas o necessário para a compreensão das minhas memórias.

Isolda colocou anúncio no jornal e não demorou mais do que dois meses para vender o salão de beleza. "Pura sorte!", disse ela, comentando a dificuldade por que passava todo o setor no país. "Nem pente a indústria produzia mais, que dirá tesoura para cortar cabelo." Seu marido era uma mistura de carpinteiro com pedreiro e instalador de vaso sanitário; não tinha nada além de algumas ferramentas para se desfazer. E meus pais deram uma grande festa na véspera da viagem. Deixaram a casa no dia seguinte intacta, como se fossem fazer uma viagem de final de semana (as vinte e cinco caixas de bagagem mandaram com antecedência para o porto). Levaram consigo apenas duas malinhas de mão para não chamar a atenção.

Mal chegaram à nova pátria, a guerra terminou e, com ajuda dos invasores, a dignidade dos carecas foi restaurada. O Guia, um dia tão poderoso, que levou toda a nação a perseguir pessoas com problemas capilares, foi preso, julgado desequilibrado mental e internado. Terminou seus dias numa casa de loucos, dançando xaxado e contando aos enfermeiros e visitantes de finais de semana suas aventuras. O jornalista que o promoveu e acompanhou toda a sua ascendente trajetória política encheu os bolsos de bufunfa e desapareceu nas selvas do fim do mundo.

Nada (nem nunca) na história da humanidade foi tão bem documentado através de livros e filmes como esse conflito. Os mais abrangentes aspectos da guerra foram tratados: desde a mistura e porcentagem usadas nas loções para estimular o folículo piloso a métodos de calcular a partir de quando alguém pode e deve ser considerado careca, as diferentes gradações e o risco que as comunidades correm tendo carecas no seu núcleo. Gostaria de ressaltar que, dentre os especialistas no tema – guerra contra os carecas no século vinte – quem mais se destaca é o historiador Ephaim Kishon com seu livro *O Pente*. Nessa obra – de peso –, o escritor narra com detalhes precisos, a ascensão, guerra e queda do Partido Sabelianista, além da perseguição aos carecas.

Quando perguntei aos meus pais por que escolheram esse país para morar e não os Estados Unidos da América, que eram mais prósperos e ricos, eles responderam que muitos dos antigos moradores da cidade de onde vieram haviam emigrado no final do século dezenove para cá e as cartas que enviavam falavam que a terra era barata, fértil, o clima agradável e no sul do país existiam elevações que lembravam um pouco a Europa. "E do povo, o que contavam?", perguntei-lhes na ocasião, curioso para saber a ideia que faziam da população nativa. Responderam que as revistas e jornais do seu país propagavam a ideia de serem preguiçosos, mas grandes curtidores da vida. E que bandidos gerados na sociedade deles aqui buscavam e encontravam refúgio, usando novas identidades.

Ao chegarem na nova pátria, meus pais decidiram adaptar seus nomes e sobrenomes ao novo idioma e adquiriram novas identidades. Minha mãe passou a chamar-se Eva, como a primeira mulher da história; enquanto meu pai preservou o seu, dando apenas um toque local. Minha avó, que enviuvara há muito – devido à morte do marido por estresse –, a irmã de mamãe, tia Paula, e Isolda conservaram seus nomes; porém Wagner adaptou para Vágner, sem contudo, trocarem os sobrenomes.

Os primeiros tempos não parecem ter sido fáceis. Eles não falavam o idioma local e achavam a população parecida com macaco (pelos menos, não lembravam os nativos de sua terra, que se aproximavam da perfeição). Não demoraram a perceber que obediência cega era algo desconhecido e que os carecas não eram perseguidos. Outra diferença marcante foi observar que, quando alguém escutava acordes, cantava junto ou saía para dançar – bem diferente de onde eles vieram, onde alguém logo gritava: "Silêncio que tá incomodando!" O que quase os fez enlouquecer foi o atraso de, no mínimo, duas horas nos encontros marcados. Quanto mais os nativos diziam "eu vou", menos chance o encontro tinha de realizarse. Na sua terra, tudo era muito organizado e, caso a lei nada dissesse sobre algum tema, entendia-se que fosse proibido; aqui, que fosse permitido. Na nova pátria, nunca se começava nada por falta de consenso. Se alguém propunha alguma mudança, outro logo dizia que tinha coisas mais importantes a serem feitas. Já na terra de mamãe, decidiam e faziam. Terminavam realizando tudo o que desejavam. A informalidade dos nativos dava nos nervos de papai que nunca ousaria chamar um colega de trabalho pelo primeiro nome e nem ser atendido em balcão de repartição pública por alguém que respondia a dez outras pessoas ao mesmo tempo. Por isso, sempre que precisava de algum documento, mandava alguém em seu lugar.

Na verdade, eu poderia listar indefinidamente diferenças existentes entre as duas culturas, mas planejei daqui para frente restringir-me à nova pátria, tratar da adaptação deles à nova realidade e do longo aprendizado aos novos costumes.

Pois bem. No que chegaram ao Novo Mundo o receio de serem rejeitados, por virem de um país que promovera tantas guerras, não se confirmou. O fato de trazerem um pouco de dinheiro ajudou a quebrar resistências e, como se sabe, dinheiro não tem nacionalidade, nem cor. Bem, cor... cor... tem, pois as verdinhas sempre foram as preferidas e ouro em barra não deixa de ser amarelo. Papai, então, seguiu o conselho de alguns descendentes dos primeiros imigrantes e aplicou parte do seu dinheirinho na compra de uma série de glebas de terra que, somadas, totalizaram dois milhões de quilômetros quadrados. Com o restante, abriu um pequeno banco com cinquenta funcionários.

Papai, certamente, não queria chamar a atenção e, por isso, com discrição, mandou construir uma casa simples com 5 metros de pé-direito, 25 quartos, 16 banheiros e cinco salas de recepção em estilo neoclássico, numa área da cidade onde poucos queriam morar – suponho que pelo preço, pois cada casa ocupava uma quadra. A propriedade passou a ser chamada pelos habitantes da cidade de Casa Rosada, pelo tom rosa pastel escolhido por mamãe em lembrança à cor dos escritórios do partido Sabelianista, em sua terra.

Pois não é que discrição demais grita e ele terminou chamando atenção sobre si?! Suas festas, à base de champanhe importado, passaram a ser disputadas; políticos de todas as tendências – da extrema direita à direita – começaram a rondá-lo com pedidos de apoio para suas campanhas.

— Doutor, o senhor poderia dar uma mãozinha na minha campanha? — perguntou o prefeito da capital em um dos saraus oferecidos por papai, enquanto fumavam charuto na sala reservada para ato tão requintado e proibido às mulheres.

— Mas claro. Quanto o senhor precisa? — inquiriu meu pai, pois sabia exatamente que tipo de ajuda o político desejava.

— Um pouco para distribuir comida entre os pobres. O doutor sabe como me preocupo com esses diabos que acham que podem trocar seus votos por arroz e carne seca.

— Aqui — disse papai, e meteu a mão no bolso da calça de onde retirou um punhado de cédulas que estendeu ao prefeito.

Esse, humilde, fez uma mesura de agradecimento. — Obrigado — disse e colocou o chapéu na cabeça.

— Toda eleição é a mesma coisa, senhor prefeito — falou meu pai, tentando diminuir a angústia do político. — Os eleitores vêm atrás dos candidatos à procura de vantagens, como se voto fosse mercadoria. O problema é que logo que as eleições acabam, eles se afastam, somem, retornando somente no próximo pleito eleitoral.

— Fazer o que, né?! Eles não mudam, não compreendem que político vitorioso chega ao governo para defender seus direitos — explicou o prefeito meio desanimado.

— É uma luta inglória a do convencimento — tornou papai a falar na tentativa de estimular seu interlocutor.

— O que ainda torna a política partidária digna de ser praticada, doutor, é saber que os empresários ficam do nosso lado. Não nos abandonam à mercê das dificuldades. Apresentam projetos, apoiam o desenvolvimento urbano...

— Por falar nisso, a autorização para construção do prédio de trinta andares naquela praia tombada de...

O prefeito nem deixou papai terminar de falar e logo disse que estava tudo acertado; inclusive passara o número da conta dos bancos de todos os vereadores à empreiteira, para que esta fizesse as eventuais retiradas para pagamento de despesas com fotocópia e reconhecimento de firma.

Papai olhou por cima dos óculos e se virou para a janela que ia até quase o chão. Acostumado como estava a que as pessoas esperassem por suas reações, não se preocupou com o silêncio do ambiente. Após longos segundos, o prefeito despediu-se e caminhou até à porta. Ao pegar na maçaneta, voltou-se e com a mão estendida em direção aos céus, começou a falar vibrando o dedo indicador, como se lançasse uma funda em direção ao ventilador de teto.

— Doutor, eu queria dizer-lhe que...

— Eu sei o quanto o senhor é generoso e pensa em solucionar os problemas dos pobres. Também sei que o período de campanha é o melhor tempo para dar uma mão aos humildes, que, orgulhosos, recusam-se a aceitar ajuda.

— O senhor me entende. Sabe exatamente o que eu queria dizer.

E se foi.

Duas semanas depois, papai foi vistoriar uma de suas fazendas. Trabalhou o dia inteiro no lombo do cavalo, dando ordens aos empregados aos quais xingava de preguiçosos no seu idioma. No final do dia, deu umas braçadas na piscina e recolheu-se para ouvir Tristão e Isolda, de Wagner, seu compositor predileto. Foi aí que começou a sentir uma estranha comichão. Seus músculos doíam tanto quanto sua cabeça e o mal-estar, coisa desconhecida para ele até então, veio acompanhado de calafrios. O médico da cidade mais próxima foi chamado, mas nada detectou e, por isso, aconselhou repouso. Sem entender o que se passava, papai retornou à cidade na manhã seguinte e contou à mamãe sobre as náuseas. Com receio de ir para o hospital e pegar alguma doença, preferiu ficar em casa. Os vômitos começaram e eventualmente a diarreia. Sua pele e os olhos foram amarelecendo até o ponto em que vovó acreditou que o genro se transformava em ouro: "Ele tá parecendo com o boneco Oscar, entregue pelos norte-americanos na escolha do melhor filme do ano", disse vovó sem mostrar preocupação. Quando a diarreia quase transformou seu cérebro em líquido, papai foi levado semimorto para o hospital e ali foi diagnosticada febre amarela. Sem muito para fazer a não ser esperar, minha mãe pôs-se a rezar ao seu lado, enquanto vovó não conseguia esconder a decepção pelo genro não ser precioso. Caminhando de um lado para o outro no corredor do hospital, ela dizia para os visitantes que passavam: "Ouro, Oscar, ouro, Oscar". As pessoas nada entendiam, mas procuravam ser-lhe gentil e riam amavelmente para a velha que pensavam ter enlouquecido.

— São os desígnios de Deus — desabafou vovó. — Mas quem sabe, melhor vivo do que transformado em metal precioso — confessou com certo pesar à mamãe.

Lentamente, papai recuperou-se e mamãe aproveitou para mostrar-lhe o risco que seria sua morte numa terra estranha.

— Nem filho temos…

— Temos que fazer um!

— Nada me seria melhor — completou mamãe, rindo.

— Nunca havia pensado nisso, mas você tem razão. Quando morrermos, não teremos para quem deixar nossos pertences.

— Para o Estado seria má ideia. Talvez, quem sabe, devêssemos registrar nosso desejo em testamento e repatriar o dinheiro, que, afinal, tiramos de nossa terra — falou mamãe, arregalando os olhos como se tivesse acabado de colocar um ovo em pé.

— Devemos lembrar que nossa fortuna pertencia ao nosso povo…

— Xiiiii, fale baixo. Juramos de pé junto que o passado não deveria ser remexido — implorou mamãe, cautelosa.

— Em último caso, escreverei no testamento que as fazendas não poderão ser desmembradas, mas vendidas inteiras. Dessa maneira, impedirei o povão de ter acesso a pequenas propriedades.

— E pode? — perguntou minha mãe, denunciando seu desconhecimento das leis.

— Sei não. Mas não seria difícil de descobrir.

E os dois deram uma gargalhada.

O dinheiro que Isolda conseguiu com a venda do salão de beleza, na nova pátria foi suficiente para comprar uma casa modesta, se comparada com a de meus pais, mas grande e confortável em relação às dos nativos.

O fato de não terem muito dinheiro os motivou a manter os pés no chão e os conscientizou de que serem brancos, terem sangue puro e olhos azuis não justificava tanta prepotência.

Isolda e mamãe mantiveram a relação de amizade hierarquizada nas mesmas bases do que já existia na Europa. Teoricamente, Isolda não deixou de ser a cabeleireira e seu marido permaneceu o carpinteiro; enquanto mamãe e papai eram os donos do dinheiro e líderes sabelianistas. No dia-a-dia encontravam-se por aí, mas não frequentavam o mesmo círculo social.

"Dinheiro sobe à cabeça, o crânio vai para trás, o nariz empina e impossibilita as pessoas de olharem para o chão. Cuidado para não levar um tombo um dia desses", falou Isolda numa ocasião a mamãe, que não creio tenha entendido a mensagem.

Isolda trouxe pouco, e mamãe muitos objetos da terra natal. Ambas porém não se desvencilharam da cultura e dos hábitos, o que é normal. Não fosse o peso dos preconceitos, a mala de mamãe teria vindo tão leve quanto a de Isolda, que se adaptou com desenvoltura à América do Sul.

Isolda era convidada para todas as festividades promovidas pela igreja, e os bazares que dirigia eram tão bem organizados que, em apenas dois anos na cidade, foi escolhida, por unanimidade, para a presidência do Rotary Club. Mamãe, pelo contrário, bloqueava. Dizia que não podia se misturar com uma raça que cheirava a suor, depois de jogar o esporte nacional sob calor de 35°C. Mas, para não dizer que nada fazia, passou a contribuir financeiramente com as atividades promovidas por Isolda. Impunha apenas a condição de que seu nome constasse nos cartões de agradecimentos e, durante as festas, fosse lido, em voz alta, o valor de suas doações.

Num sábado ensolarado, por volta das treze horas, mamãe esperou que o motorista abrisse a porta do carro diante da casa de Isolda e desceu. Ainda na calçada, sentiu o cheiro da comida que era servida. Entrou e desculpou-se pela hora indevida.

— Tem problema, não! Fazer visita aqui não é como na nossa terra, onde até os filhos têm que avisar os pais com antecedência.

— Trouxe-lhe os convites impressos constando meu nome como benemérita do bazar, com renda revertida para as crianças órfãs — alegou minha mãe como desculpa pela visita inesperada, preocupada em não incomodar.

— Almoce conosco — convidou Vágner, que já se encontrava à mesa.

Mamãe sentou-se e disse que aceitaria um chá gelado devido o calor.

— Tenho algo para lhe contar — disse Isolda, sorridente.

Ao receber a notícia de sua gravidez, mamãe mal pode acreditar. Os médicos na Europa haviam dito que Isolda era estéril. Como pode? Teriam suas atividades sociais influenciado?, se perguntou. Eu posso gerar, mas por que não engravido?

Enquanto a amiga contava as boas novas, mamãe permaneceu calada. Até parecia não se interessar pela alegria que Isolda sentia.

— Você não parece feliz — disse Isolda, incerta sobre o que pensar.

— Não, não é nada — respondeu mamãe e, em seguida, despediu-se da amiga, sem ao menos terminar de tomar o chá.

— Está cedo.

— Por onde anda esse motorista imprestável? — perguntou entre dentes, ao ver que o desgraçado não esperava na porta da casa como combinado.

Adivinhando o que mamãe sussurrara, Isolda, pacientemente, tranquilizou-a e pediu à sua empregada, para chamar
o motorista que se encontrava sentado no botequim defronte
à sua casa.

— Por que ela, e não eu? — perguntava baixinho no caminho de volta.

É... mamãe tinha muito desses momentos mesquinhos.

— Lobinho, e se eu me envolvesse também em tais atividades, quero dizer, me engajasse em projetos sociais e traba-
lhasse diretamente com as pessoas? — perguntou ao chegar
em casa e contar a novidade a papai.

— Tente — respondeu ele sem entusiasmo e voltou a ler
o jornal, enquanto fumava seu charuto cubano.

— O danado é que odeio o contato com essa cambada de
negros.

Mas logo mamãe compreendeu que o mundo não estava
centrado nela e que, por alguns meses, poderia abrir mão do
seu nojo pelos 'locais', engajar-se na atividade assistencialis-
ta, como meio de libertar o espírito das amarras do precon-
ceito e receber a graça divina.

Pois não é que ela engravidou?!

Minha avó ficou radiante e tia Paula, que ficara para tia,
não via a hora de poder cuidar da criança.

Meu pai era puro contentamento, mas logo avisou que ela
permaneceria no trabalho comunitário somente o tempo necessário até o nascimento da criança. (Queria garantir a Graça e afastar o risco de ser castigado, caso abandonasse os pobres lascados.)

— Quero que fique claro que sua atividade é assistencia-
lista. Não desejamos mudanças profundas — falou meu pai
solene.

31

— Sim, meu lobo.

Usualmente, uma mulher começa a enjoar a partir do terceiro mês de gravidez. Isso quando enjoa. Minha mãe acha que desde o momento em que fui gerado e ela levantou da cama, o mal-estar começou e os vômitos se seguiram.

— Tenho uma ameba ou minhoca na barriga que se mexe como se nadasse em águas caudalosas.

Papai riu da descrição. — Foi o nosso entusiasmo, amor — disse complacente porque não era ele que sentia desejos de colocar as tripas para fora.

Como se sabe, trabalho em comunidade não falta e mamãe passou por uma verdadeira transformação. Ela, que se irritava se desse um tiro no azul do olho de alguém e acertasse a espinha no miolo da testa, agora se tornara indulgente. A piedade tomou conta do seu coração. Dedicou-se de corpo e alma às tarefas que não exigissem contato físico com o povão. Fazia tudo para manter as mãos limpas e quando se via na obrigação de tocar um Zé-Ninguém, dava sempre um jeito de pedir ajuda ou a intermediação do Todo-Poderoso.

— O que não faço pelo meu filho?! — exclamava; todavia, ninguém entendia bem o que ela queria dizer com aquilo.

No início do segundo mês, o mal-estar era tão intenso que não lhe sobrou dúvida quanto à gravidez. A partir do terceiro, achou que fosse morrer e depois do quarto resignou-se. A barriga mais lembrava uma bola dupla de basquete. Durante os últimos meses, sem poder se levantar, passou a coordenar seu trabalho social a partir da poltrona de couro, com repouso para os pés, que mantinha na sala de estar.

Nascimento e infância

Meu nascimento foi motivo de grande alegria, ainda mais depois de quase onze meses de espera, o que ninguém compreendia. Creio que já naquela época acreditava-se que, quanto mais tempo permanecesse na barriga de mamãe, mais minha mente e meu belo corpo se aperfeiçoariam.

O dia que nasci foi marcado por diversas catástrofes. Os Estados Unidos da América explodiram uma bomba atômica no mar, um dia após a explosão de uma, testada pelos russos. Uma onda enorme invadiu praias no extremo oriente e destruiu tudo que encontrou pela frente. Peixes morreram envenenados no riozinho que cruza nossa cidade, por ácidos jogados por uma das fábricas de papai. E o céu encontrava-se encoberto e trovejava como nunca.

— Esses raios me lembram a Chapada do Corisco — comparou a enfermeira, ao chegar em casa para ajudar o médico no parto.

Minha avó perguntou onde ficava aquilo. A enfermeira explicou ser uma região que visitara quando criança e nada além dos raios, trovões e do calor lhe ficaram na lembrança.

Mamãe, pelo que pude perceber, não mais andava de tão gorda que estava. Seu humor não permitia que papai se aproximasse mais do que dois metros, o que não foi de todo desagradável, visto que seus pedidos exóticos deixaram-no em tal estado de esgotamento, que ele mesmo não fazia questão de aproximar-se. Num dia, mamãe desejava comer um cacho inteiro de banana-maçã; noutro, banana-prata e, a partir do terceiro, sob cerrada prisão de ventre, expulsava-o do quarto.

Segundo tia Paula, as horas de espera não passavam, arrastavam-se. E eu não nascia... O médico queria voltar para o hospital, mas minha mãe gritava e dizia que daquele dia não passaria.

— Essa criança, se for uma criança, já deixou de ser criança — gritou suada.

— Não sei de onde a senhora tirou a ideia que a gravidez dura tanto tempo — falou o médico, tentando tranquilizá-la.

— Estou certa do dia, hora e minuto, pois desde então nunca mais tive paz.

— Tudo bem! Agora não é hora de discussão. Não vou discordar da senhora que deve saber melhor do que eu. Porem esperamos aqui sentados mais de dezesseis horas, minha senhora, e muita gente me aguarda no hospital.

A polêmica logo passou para o terreno financeiro. Papai alegou que lhe pagava muito bem por cada segundo do seu tempo, o que foi argumento suficiente para fazer o médico calar a boca.

Nisso, Isolda chegou para ver em que pé se encontrava o trabalho de parto, mas não pode esperar, pois ela mesma há pouco tivera uma filha.

— Deixei Clara com Vágner, enquanto dava um pulinho para lhe ver — disse e segurou a mão de mamãe para acalmá-la.

— Oh, minha amiga, você parece ter tido mais sorte do que eu.

Isolda riu, mas nada comentou. Apenas lembrou do nariz empinado de Eva e de seu nojo em relação às pessoas.

— Tenha paciência! — aconselhou, mas o que gostaria realmente de dizer, não disse, calou-se. Se estivesse à vontade e se soubesse que a amiga lhe escutaria, além de paciência, aconselharia humildade.

— Quando essa criança nascer, dormirei um mês e espero nunca mais na vida colocar uma banana na boca.

— Humm — murmurou Isolda.

— E, como dizem na minha terra, juro que comerei uma vassoura se algum dia engravidar novamente — adicionou mamãe, demonstrando uma leve perda de paciência.

— Preciso ir — Isolda desculpou-se e levantou. Acho que, indo embora, a pobre evitava ouvir novas juras que, no fundo, seriam incômodas de cumprir.

Mal ela saiu, caiu um silêncio sepulcral no quarto. O médico permaneceu sentado num canto, próximo à janela que dava para o jardim de verão. Papai lia o jornal e fumava um cubano especial no jardim de inverno. A enfermeira, no corredor, andava nervosa de um lado para o outro, que nem marido em sala de espera de maternidade.

— Vou morrer! — Era mamãe.

— É agora! — exclamou vovó e pulou da cadeira de onde se encontrava. — Vejam as caretas horríveis que ela faz, as contorções bocais e o reviramento dos olhos...

O médico levantou-se.

Tia Paula entrou no quarto, seguida pela enfermeira, assustada com os gritos de vovó. Todos se puseram a fazer coisas que no momento pareciam desnecessárias, pois quem realmente fazia algo eram mamãe e eu.

— Corre! — gritou tia Paula.

— Pra onde? — perguntou vovó no meio do quarto, sem entender para que direção nem com qual propósito.

A única coisa que o médico disse naquele momento foi:
— Puta que o pariu. Finalmente!

E a enfermeira: —Antes tarde do que nunca!

Tornou a reinar um silêncio pesado. Todos em torno se aquietaram. Mamãe fez força: — Humm... — De novo: — Humm... Socorro, Lobão!

— Mas amor, sempre fui seu Lobinho...

— Para o diabo.

Plof! E eu nasci.

No momento em que coloquei o que se entende por pernas para fora, lembro ter ouvido os gritos de dor de mamãe que se perguntava: — Quando esse monstro vai sair? —, mas também pude captar gritos de alegria — Nasceu!, finalmente nasceu! —, e gritos de horror — O quê é isso, meu Deus!? — Claro que eu não entendia o porquê do desespero na voz das pessoas, que depois vim a identificar como sendo minha avó e a irmã de minha mãe. Até hoje me pergunto se a palidez que percebi no médico e na enfermeira era causada apenas pelo cansaço das vinte e cinco horas de parto ou tinha algo a ver com minha aparência. Os dois nada disseram, apenas se comunicaram através de olhares. No momento não me pareceram suspeitos, mas hoje encaro o fato com certa desconfiança, pois se olharam de rabo de olho. Lembro-me de que depois de minutos em que todos permaneceram com a mão tapando a boca – para segurar um grito?! – ouviu-se de repente meu choro.

— Buááááá.

Lavaram-me e me enrolaram em panos, como se eu fosse uma borboleta no casulo e, finalmente, depositaram-me ao lado de mamãe, que, exausta, não demonstrou interesse por mim. Lembro-me de que ela abria e fechava os olhos lentamente e fiquei a imaginar se gostaria de dormir. Não acredito que desejasse usufruir de minha insignificante companhia. Por isso, me mantive calado, isto é, não chorei durante o tempo em que ela me olhou com olhares de peixe morto.

— Qual é a cor dos olhos dele? — ouvi um senhor, que depois vim a saber ser meu pai, perguntar.

— É azul, bem escuro — respondeu uma voz feminina que soube ser minha avó, porque ouvi mamãe dizer "mãe".

— Com quantos quilos nasceu? — quis saber tia Paula.

— Sete — adiantou a enfermeira que respirou fundo e soprou com uma demonstração de alívio.

— Tá explicado, então, por que não saía. Ele entalou que nem Eva, ao comer o caroço do abacate anos atrás — falou vovó sem papas na língua.

Enquanto a família conversava entusiasmadamente sobre mim, o médico e sua assistente se foram. Percebi que não expressaram alegria, nem mesmo cumprimentaram minha mãe – o que me deixou intrigado, pois normalmente se congratula quando nasce uma criança.

Levavam-me de um lado para o outro como se carregassem uma bisnaga debaixo do braço. Eu era um pacote bem acondicionado que não chorava, comia que nem um verme e provocava silêncio onde quer que me encontrasse. Só me traziam para mamãe depois de banhado e enrolado e nada comentavam. Não lembro ter ficado ao seu lado muito tempo, com exceção das vezes que era trazido para mamar.

— Quando diremos a verdade a ela? — cochichou tia Paula para vovó, enquanto me dava banho naquela tarde.

— Esperemos uma semana. Pelo menos até ela se recuperar um pouco mais — replicou vovó no mesmo tom de voz.

—Nem quero pensar como reagirá.

— Rezemos para que aceite.

— A senhora sabia, não é?

— Já era esperado.

— Ainda bem que não foi comigo — continuou tia Paula, com leve tremor na voz.

— Pronto?

— Pode levar o embrulho.

E vovó me levou mais uma vez para ser amamentado.

Lembro-me como se fosse hoje. Quando fiz sete dias de nascido, mamãe levantou-se da cama pela primeira vez e se aproximou cantarolando, gorda que só, para presenciar minha toalete. Minha babá, que se chamava Ilsa, preparara os panos, talquinho, toalha, escova de cabelo, cotonete e a banheira com água morna. Retirou um a um os panos que me envolviam, mantendo, porém, um olho em mim e outro em mamãe. Quando me desnudou a ponto de ter apenas um cueiro cobrindo meu corpo, puxou-o com tal dramaticidade que lembrou Salomé desvendando o corpo durante o balé, no qual pediu a cabeça de João Batista. Mamãe primeiro arregalou os olhos como se fossem duas uvas gigantes, depois levou a mão à boca e, por fim, gaguejando, perguntou o que era aquilo. Sem esperar por resposta, gritou. E, com as mãos na cabeça, saiu em disparada ao longo das dezenas de quartos que a separava de vovó.

Ilsa colocou-me na água, mantendo minha cabeça acima da borda da banheira, de onde pude ver vovó, vindo ao encontro de mamãe.

— Virgem Maria! — exclamou vovó, passando o braço sobre os ombros da filha.

— Mãe, de que diabo eu me tornei mãe? — perguntou minha mãe, aos berros à sua mãe.

— Acalme-se — foi o conselho que deu.

— Mas… — murmurou.

— Nós nunca lhe contamos por esse fato ser algo secreto na família.

— Como! Secreto? — perguntou mamãe, aos prantos.

Vovó sinalizou à babá, por sobre os ombros, que ela continuasse com o banho e, em seguida, levou mamãe pela mão até o amplo sofá da sala de chá.

— Minha filha, tudo começou há algumas gerações atrás, quando seu tatatatataravô nasceu com o mesmo, vamos dizer… probleminha. — Vovó buscou palavras suaves para não constrangê-la. — O fato de nascer um verme, a cada três gerações na família, tem sido registrado desde que o primeiro nascimento se deu. Não nos escandalizamos mais — disse e pigarreou discretamente. — Apenas temos que cuidar para que a vizinhança não descubra.

— Mas como esconder? — perguntou mamãe horrorizada. — Como fazer para que as pessoas não vejam um verme enorme rastejando?

Vovó deu um rizinho sarcástico e disse para a filha que ela certamente encontraria uma maneira. Afinal, vivera durante longos anos numa sociedade que perseguira carecas e para isso encontrara uma desculpa.

— E não se preocupe, pois tudo se normalizará no futuro.

— Como assim? A senhora deve estar brincando.

Bem que vovó gostaria de explicar-lhe que a sociedade estava cheia de vermes, porém calou-se e se limitou à situação do neto.

— As duas pernas e braços extras desaparecerão antes dele completar cinco anos.

— E o casco? — perguntou mamãe, com voz estridente.

— Se desgastará em contato com o chão.

Como argumentar? O que lhe sobrou foi se conformar e torcer que a fase mais bonita da minha vida – a infância – voasse que nem caça americano.

Durante todo o tempo em que conversaram, vovó manteve o braço sobre os ombros de mamãe, que chorava copiosamente. Aquilo foi um golpe certeiro no seu ego. Ela não se conformava. Achava-se melhor que todos, simplesmente pelo fato de não ter carecas na família, ser possuidora de grande fortuna, ter olhos azuis e pele branca, vir da Europa e falar outro idioma.

— Querida, pare de chorar. Tudo na vida passa e as pernas e braços do seu filho cairão como galhos podres de árvore.

— Obrigada por me acalmar — agradeceu. E, depois de enxugar os olhos, voltou para o quarto no qual eu me encontrava. Ilsa, que nesse meio-tempo me preparara, entregou-me a ela. Bem que eu gostaria de mamar e encher meu bucho, balançando as pernas e braços como qualquer outra criança. Mas, pelas lágrimas que mamãe vertia, estou certo de que permanecer no casulo foi a melhor solução. "Buóóó", foi o som que emiti após mamar e ser colocado no ombro para arrotar. Melei seu lindo vestido azul com uma gosma branca.

Minha infância transcorreu dentro do que se pode esperar de uma criança que, além de membros extras, carregava consigo uma crosta nas costas como a de um verme resistente. Além da família, mantive contato apenas com Isolda, Vágner, Clara e a babá. Estou certo de que mamãe não encontrou dificuldades em me preservar de olhos estranhos. Eram tantas as mentiras ditas, que a única coisa que lhe vinha à memória era as lembranças da farsa que viveu durante a guerra e das invencionices contadas para salvar a pele do padrasto careca.

O receio de que eu rastejaria como um verme durante os primeiros cinco anos de vida não se concretizou. Quando completei dois anos, levantei do chão, pus-me de pé e, sem mais nem menos, tornei-me um bípede. Além dos braços normais, eu arrastava dois extras que começavam exatamente cinco centímetros abaixo do sovaco. Por serem mais curtos do que os de cima, minha mãe escondia-os sob as blusas folgadas que eu era obrigado a vestir. Com as pernas, foi um pouco mais complicado, pois as extras e também mais curtas, ficavam penduradas nas ancas. Mamãe, criativa que nem o diabo, vestia-me assim, como se eu fosse uma espécie de caubói anão: calças folgadonas, a la bombacha, só faltando as botas com esporas. O fato do traje lembrar domador de cavalos a envergonhava um pouco, mas, para isso, passei toda a infância brincando nos jardins da Casa Rosada em companhia dos animais que papai mandou buscar da África, girafa; da Índia, elefante; do Brasil, macacos.

Quando completei quatro anos, perdi a primeira perna.

Cedo, pela manhã, mamãe acordou-me com um beijo. Desejou-me feliz aniversário e surpreendeu-me com a notícia de que, naquele dia, eu poderia vestir short e mesmo calçar sapatos nos pés extras. "Uau!", lembro ter exclamado de felicidade. Além dessa surpresa, ela organizou uma pequena festa, na parte da tarde, com a presença de vovó, tia Paula e papai, que voltara de uma de suas fazendas, para comemorar. Todos tomaram chá; eu, coca-cola. Cantamos parabéns, cortei um bolinho de três andares e eles puseram-se a conversar, enquanto fui para o porão do palacete brincar de pique-esconde com amigos imaginários.

O porão era cheio de móveis, caixas e roupas com casacos de frio que mamãe trouxera do seu país e que não podia usar.

Escolhi no centro da grande sala um lugar para ser o pique, e decidi, dentre os 'amigos', quem ficaria nele. Como sempre, olhei em busca do melhor lugar para me esconder. "Que é isso que nunca notei antes?", perguntei-me ao ver uma porta semiaberta com um desenho que lembrava um girassol gigante. "Engraçado!" Não pensei cinco vezes. Entrei, acendi a luz e olhei em volta. Nos fundos, vi um armário de duas portas. Passei a mão sobre a madeira polida – gostosa a sensação. Tentei abri-la, mas percebi que não tinha chave. Do lado, no cantinho, alguém esquecera uma vassoura de piaçava. À esquerda, observei uma grande caixa preta, da qual saíam grossos cabos elétricos que subiam pregados na parede e desapareciam num buraco do teto. "Me esconderei aqui", disse e abaixei-me do lado de uma cômoda. E fiquei aguardando ser 'encontrado'. O tempo passou sem que percebesse. Quanto tempo permaneci escondido, não sei, mas acordei quando ouvi os gritos de mamãe me chamando: — Joselito, onde está você? Onde você se escondeu? — Imediatamente me dei conta do frio que sentia nas pernas. Olhei-as e lembrei que, naquele dia, pela primeira vez, pude deixá-las à mostra. — Estou aqui, mãe — respondi e corri na direção da porta que por alguma razão se fechara. Abri-a e cruzei para a sala maior com tal agilidade que me surpreendi. Senti apenas um leve puxão na perna direita. Contudo, não parei para olhar o que aconteceu. Subi as escadas como se voasse. Mamãe encontrava-se próxima às escadarias de mármore que davam para a entrada principal da casa.

— O que foi? — perguntei ao perceber sua mão na boca como se calasse um grito. Abracei-lhe as pernas e, sorrindo, falei: — Agora estou aqui. A senhora não precisa mais me procurar.

Mamãe imediatamente me abraçou e chamou o resto da família. Perguntei-lhe o porquê de tanta ansiedade. Ela não respondeu; apenas quis saber onde eu estivera e pediu que os levasse ao meu esconderijo. No porão, todos andaram por entre as coisas como se procurassem algo.

— O que foi? — perguntei insistentemente, sem porém, receber uma resposta convincente.

— Achei! — ouvi a voz de mamãe. — Achei!

Ela segurava minha perna de sapato, meio acima da cabeça como quem levanta um troféu em final de Copa do Mundo.

— Estava presa pela meia no prego da porta do quartinho — disse radiante.

Só então vim a entender o porquê de sua admiração e a alegria de todos. Havia perdido a primeira perna. A direita.

A partir daquele dia, começou a contagem regressiva para minha entrada no mundo da normalidade física.

Como que cronometrado, três meses após meu aniversário, caiu o braço direito. A perda provocou-nos uma felicidade só comparada ao nascimento de um filho saudável. Ao mesmo tempo em que todos nos sentimos aliviados, passei por maus pedaços por ter de um lado, membros de menos e do outro, membros demais. Para me equilibrar e evitar tombos, andava com o corpo jogado para a direita, compensando, assim, a perna e o braço extras do lado esquerdo.

— A esquerda é um peso — disse pela milésima vez ao me esborrachar no chão.

Mais três meses e caiu o segundo braço enquanto eu almoçava. Lembro que a sopa estava tão gostosa que pedi bis. Levantei e estendi o braço com o prato, o que foi suficiente para mamãe perceber que algo no pulôver, do lado esquerdo, balançava. Ela veio até mim, tocou na altura do cotovelo e constatou o que havia. — Óóó! —, exclamou, arregalou os olhos e bateu palmas – exatamente nessa sequência. Vovó aproximou-se e, displicentemente, enfiou a mão no pulôver, pelo lado do punho, retirando o braço como quem puxa uma blusa de baixo que se encontra encolhida. Rimos uns para os outros. E a empregada serviu.

Tínhamos como certo que, três meses depois, a última perna cairia. Mas qual não foi a decepção quando nada aconteceu.

As horas até meu quinto aniversário foram cheias de expectativa. Mamãe pendurou calendários por toda a casa e passou a marcar os dias que faltavam para a minha total normalização. Não passava um café da manhã sem que toda a família expressasse sua repulsa pela esquerda. "Quando a esquerda vai cair? Quanta perda de tempo essa esquerda! Quanta inutilidade a esquerda significa!", etc.

Finalmente, na noite que antecedeu meu quinto aniversário, perdi minha última perna durante o sono. Mamãe, que fora me acordar como sempre, encontrou-a entre os lençóis. Descemos felizes as escadarias, trazendo a perna debaixo do braço.

Se durante o processo de perda dos membros, eu odiei a esquerda, a partir daquele dia, decidi combater tudo que fosse de esquerda – inclusive os valores políticos e éticos defendidos por ela.

Deputado Federal

Não fosse o grande golpe que papai aplicou em sua terra antes de se refugiar na América do Sul, eu, certamente, deveria seguir os passos dos nossos ancestrais e tornar-me batedor de carteiras. A pequena fortuna que amealhou poupou-me de tão degradante destino.

Não digo que tenha sido no dia seguinte, mas lembro-me de que logo após perder a última prova visível da minha vinda à vida como verme, desencadeou entre meus pais a guerra com relação ao meu futuro. Papai queria que eu fosse imediatamente entregue ao internato, administrado por um conterrâneo, que educava para obedecer e com quem se aprendia que o mundo era regido pela lei do cão, onde só sobreviviam os fortes. Já mamãe queria distância da antiga disciplina nos moldes prussianos e alegou que era cedo, que eu precisava de liberdade para fazer meus primeiros contatos e brincar com crianças da minha origem.

Graças a Deus ela venceu a guerra de braço.

Foi nessa fase que o relacionamento com Clara intensificou-se e passei a compartilhar meu dia-a-dia com meu melhor amigo – Robinho –, filho de um senador.

Tanto meu pai quanto o de Robinho costumavam referir-se ao povo como 'essa raça', além de outros termos depreciativos, tais como: zé-ninguém, povão, sujos, brutos, desprezíveis. o que nos levava a brincar de fazer guerra no porão imaginando tê-los como inimigos.

— Traz o 'prisioneiro' — disse eu a Robinho.

— O 'zé-ninguém' deve se ajoelhar diante do chefe — disse Clara, imitando os brancos nos filmes americanos, quando prendiam os índios nas guerras que promoviam durante os finais de semana, na antiga colônia inglesa, na América do Norte.

— Esperem — falei. — Talvez descubra alguma coisa nessas caixas que possa usar como um 'sujo'.

Olhei em torno, remexi em tudo, em busca de um travesseiro, boneco ou algo maleável fácil de chutar, mas nada encontrei.

— Desisto — disse Robinho e encostou-se à coluna no meio da sala.

Nesse momento, percebi que a porta do pequeno quarto em que perdi a primeira perna estava encostada. O girassol gigante fora substituído por uma caveira pintada de preto com a palavra 'proibido' embaixo, em vermelho.

— Aqui, venha comigo! — chamei entusiasmado, sem me preocupar com o desenho que certamente alguém colocara para me assustar. Entramos um atrás do outro, sussurrando, como se temêssemos acordar a caveira.

— Uau! — exclamou Clara. — Mais um canto para brincarmos.

— Que diabo é que procuramos aqui? — perguntou Robinho, entediado. — Nem temos algo para comer. Além do mais acho que perdi meu pirulito...

O quarto permanecia do mesmo jeito que vira há três anos.

— Vamos abrir a porta do armário — propus.

— Certo — concordou Clara no mesmo instante.

— Talvez encontremos batatas fritas — tentei com isso

estimular Robinho a participar. (Nessa época ele já apresentava tendência a engordar).

Clara olhou em volta, sem nada dizer. Robinho, pelo contrário, afoito, puxou o trinco com violência por diversas vezes. Nada conseguindo, deu uns chutes que fez o armário tremer.

— Calma — aconselhou Clara, com o punho da mão debaixo do queixo.

— Como, calma? Você não vê que a porta está trancada e que não abrirá com você dizendo apenas a-bra-ca-da-bra?!

— Babaca! E chutando, o que você conseguirá além de quebrá-la?

— Meninas...

Clara tornou a olhar em volta e depois disse-me para pegar na outra sala uma cadeira.

Não vacilei. Voltei com ela arrastando.

Calada, ela subiu na cadeira e lentamente pôs-se a passar a ponta dos dedos na borda de cima do armário.

— Aqui não está.

Não entendíamos o que fazia, porém mantivemos silêncio. A expectativa era tão grande quanto a curiosidade.

— Meninas acham que sabem de tudo — desabafou Robinho, revoltado por não conseguir atingir seu intento, à base de porrada.

— Xiiii! — Clara pediu silêncio.

Após alguns segundos, ela desceu e ordenou que eu mudasse a cadeira para o outro lado. Fiz sem questionar. Sentia que Clara tinha um poder sobre mim que mais tarde veio a se acentuar. Ela tornou a subir e repetiu o procedimento. Robinho, entediado, não parava de ridicularizar o suspense que ela fazia em torno da busca.

— Achei! Achei! — gritou ela, após alguns instantes, e desceu.

— O quê você achou? — perguntamos ao mesmo tempo.

Clara cruzou os punhos, um sobre o outro e exigiu que eu escolhesse uma das mãos.

— Ah... piada. Mostra logo.

— Não, escolhe.

— Eu faço — adiantou Robinho e se pôs entre eu e ela.

— Ma-mãe man-dou que eu ba-tes-se... — disse com cara de desdém, dando leves toques em cada uma de suas mãos.

Quando Clara abriu a que ele escolheu, Robinho viu nela a chave da porta que tentara arrombar com os pés. É sabido que as meninas são mais espertas que os meninos, mas Clara fazia questão de nos humilhar. Com toda calma, destrancou a porta, sem, porém, abri-la, e fez o gesto que nosso mordomo costuma fazer para papai quando chega do trabalho: jogou o corpo e a cabeça para frente, num dramático gesto em sinal de submissão, e disse:

— Cavalheiros...

— Vá à la merde — Robinho pôs em prática seu francês de férias em Paris.

— Uau! — mostrei meu desenvolvido domínio do idioma.

Pé ante pé, aproximei-me, peguei no penduricalho da porta e lentamente abri-a. Um rangido só comparado à voz de papai se seguiu – a porta parecia não ter sido aberta há muito tempo. Olhamos dentro e ficamos na espreita de que dali saísse um monstro cabeludo ou mesmo um touro selvagem. Forcei mais um pouco e, de repente, ouvimos um barulho de algo que rastejava. Recuamos com os olhos arregalados.

— Aaaai...

— Socoooorro!

— Vocês são frescos! — falou Clara, tranquila.

De súbito, o barulho se intensificou e algo passou por nós em alta velocidade.

— Um rato! — gritou Robinho e correu do quarto como se, em vez de um pequeno animal, tivesse visto um elefante.

Congelei no lugar em que me encontrava.

— Era apenas uma ratazana, seus maricas — disse Clara.

Após o choque, remexemos no armário e descobrimos um uniforme, um quepe e um retrato com uma enorme moldura dourada. Retiramos e levamos tudo para a outra sala.

— Bote o retrato aqui — disse Clara, mostrando a parede. — Assim o senhor da foto fica a nos observar, enquanto julgamos o 'negro'.

— Deem uma olhada no que encontrei. Parece com os feitos por uma de nossas empregadas — disse Robinho, sacudindo um boneco troncho, que nem um estandarte de bandinha de música.

— Que tal pararmos de chamar o 'prisioneiro' de desprezível e passarmos a chamá-lo de "tucano", já que o pai de Joselito tem um, preso na gaiola, no jardim de verão? — sugeriu Clara.

— Voto, então, chamá-lo de 'seu Inácio', nome do jardineiro que mamãe diz fazer tudo errado — falou Robinho e empurrou o 'negro' diante do chefe.

— Ajoelhe-se! — ordenei ao boneco-prisioneiro.

Quando nos preparávamos para matá-lo, mamãe apareceu e, sem dizer uma palavra, apanhou o quadro que se encontrava encostado à parede, recolocou-o no armário e aí então, berrando, perguntou quem havia mexido no que não devia.

Clara, corajosamente, contou que Robinho tentara arrombar a porta com os pés e ela, para evitar danos materiais, optou por abri-la com a chave.

Fomos todos castigados. Clara imediatamente foi enviada para casa. Robinho ficou sem ganhar sua porção de batatas fritas com maionese e eu fui proibido de brincar no porão.

(Anos depois, descobri que a foto na moldura era do antigo Guia dos meus pais).

Aos sete anos, fui para o internato, onde aprendi a falar o idioma de meus pais. A disciplina era rigorosa. Acordava às cinco da madrugada, fazia meia hora de ginástica, tomava banho frio, bebia café e às sete estava pronto para assistir aula até ao meio-dia. À tarde, marchava, estudava e assistia mais aulas. Dizer que aquilo me enchia os olhos seria mentir, mas a vontade de satisfazer os desejos de papai me fazia suportar as regras do jogo.

Robinho, pelo contrário, foi para uma escola de elite, sem o rigor prussiano da minha, e só falava francês. Clara foi matriculada no ginásio estadual da cidade, onde puxavam mais por sua inteligência do que pela subserviência exigida a mim.

Meus amigos todos os dias voltavam para casa depois das aulas, ao passo que eu vinha somente nas férias ou feriados prolongados. Nessas ocasiões, conversávamos sobre nosso futuro. Clara gostaria de estudar Geografia e não o que as meninas da sua classe e origem, na maioria, faziam: ser enviadas para a terra de nossos pais, para aprender a administrar lares de chefes de grandes multinacionais estabelecidos aqui. Robinho gostaria de ser cantor de ópera e eu, domador de animais ou pintor.

Quando entrei na puberdade, apaixonei-me pela primeira

vez. Seria natural pensar que foi por Clara, mas não foi, não. Reconheço que quem ler esse diário ficará chocado e não compreenderá meus sentimentos. Bananeira. Sim, bananeira! Devo repetir que me apaixonei por uma bananeira? Como explicar tais sentimentos? Como dizer para uma mãe: "Olha, mãe, estou apaixonado." "Que bom, meu filho, quem é a felizarda?" "É uma das bananeiras da fazenda São Jorge, de papai." "Deixa de brincadeira e diz a verdade." "Mãe, a senhora não entendeu. Estou apaixonado pela bananeira mais robusta da fazenda… aquela que fica à direita daquele caminho que segue para"…

No momento em que esse diálogo realmente aconteceu, mamãe teve um choque e desmaiou. Ao recobrar os sentidos, chorou. Mas, como era decidida, não perdeu tempo e me proibiu de ir à tal propriedade. Em seguida, mandou cortar os poucos pés de banana dos jardins da Casa Rosada e em casa só entrava banana em forma de doce. O dia todo ela se perguntava *por quê?*, até que vovó encontrou nos seus registros de família, uma explicação: minha paixão tinha a ver com o tipo de verme que eu nascera e que era a forma mais comum entre as bananeiras. "O desarranjo amoroso passará", repetia vovó, sempre que via mamãe cabisbaixa.

Cresci, tornei-me um rapaz vigoroso, engrossei a voz e a paixão desvairada arrefeceu. "Graças a Deus", disse mamãe, quando se certificou que banana deixara de ser uma ameaça à harmonia da família.

Mas, como problemas vêm como ondas sucessivas, agora foi a vez de Clara passar a me olhar com olho comprido. "O que será que está acontecendo com essa garota?" Quando ela tentou me beijar, não tive dúvidas. E por conhecer na própria pele o que significava amor não correspondido, senti dó.

Quanto sofrimento!

Passei a evitá-la na esperança de que me esquecesse, mas Clara não estava nem aí. Isolei-me e busquei refúgio nos livros.

Fugir de tanta desilusão.

Mamãe, preocupada com meu estado de ânimo, matriculou-me na escola de Robinho e apoiou a ideia de juntos lançarmos um jornalzinho. Precisamos de meia hora para decidir que eu ficaria na presidência, ele como editor e Clara na revisão. Depois discutimos o dobro do tempo para definir qual seria a reportagem principal.

— Clara, você telefonará para a Bolsa de Valores e se informará sobre as empresas interessadas em fazer propaganda conosco — decidi.

— Babaquice!

Primeiro racha.

— Vamos escrever sobre o que conhecemos — sugeriu Robinho, com as bochechas rosadas e gordas. — Falemos sobre as deliciosas comidas que mamãe prepara.

— Algo mais interessante? — perguntou Clara, com a caneta na boca e ar de dona da verdade.

Lá se foram mais três horas para decidir que o tema da primeira página seria o hábito dos nossos pais (meu e de Clara) de silenciar sobre o passado. E, por falta de algo melhor para acompanhar a reportagem, escolhemos uma foto pequena do Guia que encontrei no porão, bem guardada. Depois de tudo escrito e ordenado, fomos à gráfica da cidade. Disse ao dono para fazer uma nota fria sobre compra de frangos e enviar para que papai pagasse. Santa ingenuidade a minha! Quando papai recebeu, ficou furioso, gritou e disse que daquela maneira eu não aprenderia. "NOTAS FRIAS SÓ SERVEM PARA O GOVERNO, NÃO PARA O PRÓPRIO PAI!". Mas o que foi decisivo para a morte prematura do jornal não foi exatamente o uso do caixa 2, mas eu ter exposto seu Guia. Tivemos que devolver o dinheiro para os poucos leitores das redondezas, recolher os exemplares restantes e esquecer aquela idiotice – como meu pai classificou minha busca por independência.

Dois anos após essa malfadada experiência, como bom filho, segui as orientações de papai que me aconselhou estudar Direito para entender bem das leis e, com isso, melhor corrompê-las. É, ele expressou-se assim mesmo e passou a afirmar todos os dias, durante o café da manhã, que a política era meu futuro. Ele achava que eu tinha que ser o que ele gostaria que eu fosse. E pronto. Hoje entendo que ele vivia através de mim o sonho de continuar a carreira que cessara abruptamente com a fuga de sua terra.

Ao mesmo tempo em que eu e Robinho demos entrada na universidade, comecei a estagiar na agência central do banco da família, treinando enviar dinheiro para fora do país, sem deixar rastro. Também nessa época aprendi a investigar adversários. Os dados que recolhia nos cartórios de registro de bens, no nome dos políticos e de seus familiares, entregava-os a papai. Posteriormente, descobri que os chantageava. Nada mal. Fortaleceu meu ego, ver que meu trabalho não era em vão.

— Você será deputado! — decidiu papai ao congratular-me na festa de formatura.

— Assim?! — perguntei admirado com sua convicção.

Ele nem se deu ao trabalho de explicar.

Na manhã seguinte, mal levantei da cama, a empregada comunicou que o secretário dele aguardava-me no escritório.

— Semana que vem começa sua campanha.

— Mas os outros candidatos já sobem em palanques há meses...

— Não se preocupe. Está tudo arranjado — respondeu o secretário, enigmático.

Uma semana depois acompanhei o deputado Dodô, candidato à reeleição, num comício na cidadezinha Canapi, onde Robinho tentava ser vereador.

Enquanto Dodô berrava perante o público, fiquei de longe observando a técnica de discurso que usava. Ele falava eloquentemente, cuspia ao mesmo tempo e fazia gestos com os braços que mais parecia dar banana aos ouvintes, que gritavam e repetiam o seu nome: "Dodô, Dodô, Dodô!"

— Engraçado! — comentei com Robinho que se encontrava ao meu lado. — Quando criança, nunca observara as cusparadas. É, mas talvez faça parte do efeito visual.

E o deputado Dodô gritava sem parar. Bem que gostaria que ele praticasse a arte do discurso indefinidamente, conquanto adiasse minha vez de falar.

— Agora é sua vez — gritou Robinho, ao meu lado.

— Tô indo — confirmei quase me mijando.

— Aproveita os holofotes, o público e fala o combinado. Joga, mente o quanto você puder...

Robinho sabia o que eu combinara com papai. A proposta era dissociar meu discurso do seu poder financeiro e tentar mostrar-me popular. Comecei falando lento e de acordo com que passei a atacar os privilégios de minha família, fui acelerando.

— Vocês estão certos quando entram em greve e lutam por melhores salários — berrei para a massa diante de mim.

— É isso aí — gritaram, em delírio.

— Bancários, a luta é nossa! (as únicas agências do vilarejo eram a do banco estatal e uma do papai) Reivindiquem! À guerra!

Passado alguns instantes, a massa ligou quem falava com o banco que demitira todos que participaram da última greve. E fez um minuto de silêncio.

Sentindo-me esperto, não dei tempo para que refletissem e joguei uma série de perguntas para distraí-los.

— Quem rouba nesse país? — gritei esbaforido.

— Os banqueiros! — respondeu a massa, intrigada.

— Quem constrói o país?

— Os trabalhadores.

O pessoal começou a olhar para os lados como se buscasse no vizinho, explicação para o que acontecia.

— Quem é contra os interesses da nação? — voltei a gritar.

— Ááá… — foi o murmúrio que ouvi em torno de mim.

Nisso Robinho começou a puxar minha camisa e a fazer frenéticos sinais.

— Quem é o traidor dos interesses do povo? — inquiri e, sem esperar resposta, continuei: — Vamos baixar o cacete nessa cambada de exploradores e fora da lei. Se a polícia não der conta, empregaremos bandos armados para fazê-lo…

Para essa proposta fiquei sem resposta, pois fui puxado do microfone e levado por seguranças para o carro, que arrancou em alta velocidade.

Somente em casa vim a saber o que acontecera. A massa, que no início ficou sem entender o que eu dizia, preparava-se para subir no palanque. Foi contida a tempo pelos seguranças que saíram distribuindo cacetadas para todos os lados.

— Eu disse para você me atacar — disse papai — mas não tão incisivo. Você está iniciando e o povo ainda não acredita em você. Além do mais, quando propôs bater, não ficou claro em quem: se na elite, que você chamava de exploradora ou se na escória, pra quem você se dirigia. Devemos mudar a estratégia — falou mais para si do que para mim e, andando de um lado para o outro, chamou um dos seus auxiliares.

— Temos que dar uma rasteira na oposição.

— E como? — perguntei ansioso por aprender as artimanhas de um campeão do diálogo e da negociação.

— Deixa comigo! — disse papai e saiu com o auxiliar.

Durante o restante da campanha, participei de mais 25 pequenos comícios, durante os quais falei apenas alguns segundos em cada.

— Como ganharei se não posso falar? — perguntei a meu pai. — Como divulgar meus projetos?

Papai olhou-me por sobre os óculos e repetiu 'deixa comigo'.

Dois dias antes das eleições, soube que tinha vencido. Como? Simples. Papai, decepcionado com meu discurso, perdeu a paciência e comprou todos os votos necessários à minha vitória. Nas cidades onde tinha fazendas ou fábricas ou mesmo agências do banco, negociou com os coronéis os números redondos de votos – cinco mil aqui, três mil ali, sete mil acolá – e nos vilarejos mais distantes e fora de sua jurisdição, acertou diretamente com os cabos e juízes eleitorais. "Aqui eu precisarei de X", falava sucinto na sala de apuração. O juiz fazia os cálculos, dizia quanto custaria, gritava para os cabos, na frente de todos, quantos votos me seriam destinados e fazia questão de receber os trocadinhos cash, como ele dizia.

— Pois não, doutor. Tá tudo acertado!

Conhecer o País

O método da compra de votos usado por papai nada teve de novo. Apenas o fato dele ter desistido de perseverar no meu aprimoramento é que me decepcionou um pouco. Quando questionei sua forma antidemocrática de lidar com minha dificuldade em falar em público, mandou-me calar a boca e preparar as malas.

— Para quê? — perguntei surpreso.

Foi Isolda quem respondeu.

— Você esqueceu que terá de se mudar para a capital do país?

— Quem, eu? — perguntei admirado.

— Meu querido, de agora em diante, seu lugar será ao lado dos congressistas. Você ajudará a elaborar as leis que regerão o país.

— Óóóó! — exclamei surpreso. — Havia esquecido.

Mamãe, que, naquele momento, colocava chá nas xícaras, comentou, enchendo o peito e rindo discretamente:

— Como tenho orgulho do meu filho!

— Mas ele virá nos visitar — completou Clara, jocosa.

— Mas claro — comentou Isolda. — Pelo menos uma vez por mês, né?!

— Não, mãe. Parlamentar trabalha na capital apenas dois dias. O resto da semana, passa entre seus eleitores no estado que o elegeu — voltou Clara a ponderar.

— Ummm — foi o comentário de papai.

— E eu sempre achei que as fotos que vemos do Congresso vazio eram tiradas no domingo — disse Isolda, chocada.

— Humm — papai tornou a comentar.

Toda a família levou-me ao aeroporto no dia da partida; inclusive uma bandinha e empregados do banco com faixas saudando, entusiasticamente, minha vitória no pleito.

No Congresso, senti-me no meu habitat. Antes mesmo de chegarmos ao plenário para as saudações de abertura dos trabalhos, fui apresentado pelo pai de Robinho a todos que encontrávamos nos corredores, aos quais dizia "Esse é um dos nossos". Lá pela metade da solenidade, um colega veio chamar-me para uma reunião na sala de um deputado em quarto mandato.

— Precisamos decidir o que negociar em troca da primeira lei que será aprovada.

Pessoal dedicado – foi meu primeiro pensamento.

Daquele dia em diante, nada fizemos que não fosse conchavar em torno de acordos e vantagens pessoais. Nada era aprovado sem que não tivéssemos algum tipo de ganho. Todos os deputados e senadores puxavam a sardinha para seus pratos. Trocávamos tudo: desde a aprovação de um projeto para a educação infantil por asfalto em nossas fazendas, até aumento de salário da patuleia por postos estratégicos em estatais. Na verdade, os quatro anos que passei como deputado serviram para por em prática os Dez Mandamentos de papai, e, às avessas, o que aprendi na faculdade sobre leis.

1. Amarás teu deus – o Dinheiro – acima de tudo.

2. Repetes o Seu nome, para atraí-lo.

3. No tempo livre, reúne-te com amigos para negociar o dinheiro do povo.

4. Orgulha-te do que possuis.

5. Evita a todo custo matar, mas se mexerem nas tuas posses, manda bala.

6. Não cometerás adultério, procuras sempre as solteiras.

7. Não roubarás o que pertence à tua família.

8. Não levantarás falso testemunho a ti mesmo.

9. Não cobiçarás a mulher do teu próximo (busca as que moram distantes)

10. Não cobiçarás os bens dos outros. Toma-os.

Não creio que nós, parlamentares, devamos ser censurados por negociarmos as leis do país. Basta observar a natureza para perceber que só os fortes, só os que tomam a comida da boca dos outros, sobrevivem. Os fracos esvanecem. As aves, por exemplo, levam comida apenas para seus filhotes. Os felinos também alimentam somente suas crias, e, quando satisfeitos, enterram o resto para depois. Por que nós, parlamentares, deveríamos dar algo ao povo quando observo a lei natural e vejo que a regra é válida mesmo entre meus cachorros?!

Ser deputado não é fácil. O vai-e-vem da capital para o estado onde se encontram as bases é desgastante. No meu caso, não ter tido contato com o eleitor, nem feito promessas, tirou-me um grande peso da consciência; não me sentia na obrigação de realizar projetos que não propus. O chato era que ninguém entenderia caso eu permanecesse sozinho na capital, quando todos iam ao encontro das bases. Por isso, obrigava-me a retornar para o seio da família, o que não era mal de todo, pois aproveitava para conversar com Clarinha e passear com meus animais de estimação. O mais desonrante do cargo era o salário que ganhávamos no final do mês. Tínhamos, também, que guardar recibos da gasolina para serem ressarcidos, e recebíamos – a duras penas – uns trocados para pagar assessores, escritório e passagens. Que miséria! Que degradação! E o povo ainda tinha a petulância de chiar por recebermos dobrado no final do ano. Revoltado, um dia perguntei a papai o porquê de sua insistência em algo que pagava tão pouco, quando eu podia assumir um cargo na diretoria do seu banco. — Não —, respondeu ele. — O salário de fome não conta. O sentido da coisa é a imunidade parlamentar e os contatos e negociatas com o governo, conseguidos através do cargo.

— Árram — respondi com a boca arreganhada ao perceber sua genialidade. — M-e-u pa-pai — falei orgulhoso.

— M-e-u fi-lho — respondeu carinhoso, pela primeira vez.

Ansioso por mostrar-me ser capaz de algo pela minha pátria, elaborei um projeto num final de semana em que me encontrava especialmente entediado: juntarmo-nos aos quartéis e darmos um golpe militar com ajuda do governo dos EUA. Propus fazermos o mesmo que os norte-americanos faziam: provocar guerras com os vizinhos, sequestrar, torturar e matar os supostos inimigos. Mostrei o projeto aos meus colegas parlamentares e pedi-lhes sugestões. Recebi de volta olhares semelhantes aos dados por meu progenitor, o que me fez engavetar a ideia.

Felizmente, minha próxima investida foi aprovada. Devo confessar, com pesar, sem unanimidade.

Fundei, a nível nacional, o Clube dos Jogadores de Botas de Borracha a Longa Distância. Pelo menos na minha cidade foi uma sensação. Papai doou a sede e instituiu o que tornaríamos uma prática dali em diante: colocar nas fachadas do que viéssemos a inaugurar uma placa com o nome de mamãe em letras gigantes, no primeiro caso – CLUBE DESPORTIVO EVA PARAÍSO. O sucesso foi tão grande que, no primeiro ano de fundação, éramos dois sócios – eu e Robinho. Até hoje não lhe perguntei se se associou por ser meu amigo e querer dar força ou se foi por puro entusiasmo. Na verdade, isso não tem importância. Qualquer que tenha sido a razão encheu-me de alegria.

No terceiro ano de mandato, disse a papai que jogaria a toalha. Não aguentava mais trabalhar dois dias fazendo conchavos, vendendo até mesmo, a mãe e passar cinco, em casa, dormindo.

— O.k. Então peça uma licença médica de um ano e vá conhecer o país, seu povo, seus hábitos e cultura.

— Com que argumento um ano de férias?! Vão me criticar.

— Que se danem! Tem filha de ex-presidente de licença médica, fazendo campanha pelo interior para se reeleger...

Olhei-o, o qual devolveu-me o olhar da maneira que só ele sabia fazer: cenho carregado, músculos faciais que se contraíam em movimentos compulsivos, boca que mais lembrava um risco e olhos azuis escuros intensos, fixados no meu rosto. Senti minha pequenez, e com receio de ouvir o que nunca ouvira, pois meu medo de papai sempre foi tão grande que nunca o contestei, fui para o quarto arrumar minhas coisas e me preparar para descobrir o país.

Segui os conselhos de mamãe. Levei apenas doze malas. "Mais você não precisará", afirmou em tom suave, o que serviu para neutralizar o mal-estar provocado por papai.

Clara veio despedir-se. Quando percebeu que não receberia nada além de dois beijinhos de irmão, em cada lado do rosto, olhou-me com olhos de peixe morto, decepcionada. Sabíamos que estávamos destinados um ao outro. Afinal, sua mãe era a pessoa mais próxima de mamãe e o passado comum as unia. Assim mesmo, como prometer algo, quando não sentia nenhuma atração sexual? Ela era bela e elegante como uma deusa grega. E eu assexuado. No início, inseguro, procurei nos livros informação sobre o tema, mas pouco ou nada encontrei e nunca ousei me abrir com quem quer que fosse, nem mesmo com o médico da família.

Mas voltando à viagem… mais uma vez a família me levou ao aeroporto (sem bandinha, nem funcionário).

Despedi-me, prometendo escrever sobre minhas experiências no decorrer do ano.

Querida Clara

Que bom termos conversado ao telefone! Estava com saudade. E ouvir sua voz me acalmou.

Nosso país é tão grande e as diferenças tão marcantes! Ler ou assistir na televisão o que acontece no Norte não nos dá a dimensão da tragédia que é a realidade. O povo aqui é mal nutrido, feio, desorganizado e desinformado. Tudo me leva a crer que papai está com a razão, quando diz que a terra tem que pertencer aos ricos e brancos, pois somente nós sabemos administrar e levar o desenvolvimento a todos os cantos. Agora entendo o porquê do Sul ser mais adiantado. Ao longo desses três anos no Congresso, aprendi como negociar meu apoio aos projetos do governo, em troca de verbas para nossa região. Você disse que ficamos com quase todos os investimentos. Concordo que amealhamos 80% de tudo. Mas e os políticos do Norte? Eles também trocam seus votos por vantagens. Ou não?! Cada um puxa o peixe para o seu lado e quem tem mais força abocanha a maior fatia. Pelo que tenho percebido, o problema não é o toma-lá-dá-cá que praticamos, mas o fato dos políticos dessa região embolsarem todas as verbas e dividirem tudo entre amigos e familiares. Por esse pecado nós não iremos para o inferno. Embora embolsemos, parte repassamos. Mas como poderia ser diferente, não é?! O povo aqui é primitivo, analfabeto e preguiçoso. Só para lhe dar um exemplo, basta a temperatura chegar aos 40°C na sombra – com umidade de 100% – para eles fazerem pausa no trabalho. Veja só que absurdo!

Ai do Norte se não fosse o Sul e o Centro para sustentá-lo!

Para essas bandas o antigo oeste-americano, sobre o qual li e assisti a tantos filmes de caubóis, com gente matando gente por ouro e terra, mais parece piada. Isso aqui é bangue-bangue moderno. A vida não tem valor. Graças a Deus o plebiscito contra a venda de armas perdeu. Também, como se defenderiam os pobres donos de terras dessa cambada de desempregados ensandecidos? O pior de tudo é que a popu-lação do país não para de crescer, obrigando os fazendeiros a por abaixo as florestas existentes na região para ampliar suas fazendas. Tenho conversado com alguns deles que me dizem que o povo reclama de barriga cheia. Com razão, afirmam termos o maior rebanho bovino do mundo, mas, assim mes-mo, o povo diz que passa fome. Piada. O que mais eles que-rem da vida? Só falta exigirem terra para plantar. Em todos esses meses que me encontro visitando colegas do Congresso e amigos que nos apoiam em suas fazendas, em nenhuma ocasião, ouvi comentários ou atos sobre proibição de campo-neses partirem. Pelo contrário. O que tenho ouvido são incen-tivos à migração. "Por que não vão para as cidades e nos dei-xam em paz? Que ganhem seu dinheiro trabalhando honesta-mente." É isso que tenho ouvido: estímulos!

P.S.: A notícia que você me deu de que meus adversários po-líticos estão azedos por eu não ir trabalhar, não me preocupa.

Conhecer o país e as carências com que os empresários têm que lidar para sobreviver tem ampliado minha visão de mundo. Quando voltar para ao Congresso – pois sei que voltarei – apresentarei alguns projetos que têm me tirado o sono. Proporei a pena de morte, a construção de prisões de segurança máxima por todo o país, uma escola e casas populares ao longo de estradas, viadutos e caminhos para aeroportos.

Beijos,

Joselito Paraíso

Querida Clara

Obrigado por sua carta que me encontrou de malas prontas a caminho do Leste.

Nunca discordei dos nossos pais, que sempre acharam que devíamos nos casar. Não consigo me imaginar com outra mulher que não você. O fato de nos conhecermos desde pequenos, de você ter partilhado da minha história, do meu passado verminoso, e, mesmo assim, não me rejeitar, enternece minha alma.

Mas a ideia de que você discorde de minhas convicções políticas é como ter futuramente debaixo, digo, em cima da cama, um inimigo dormindo comigo.

Por que sou a favor da pena de morte?!! Eu é que lhe pergunto: Como você pode ser contra? Basta ver esse bando de camponeses invadindo propriedades, carregando foices nas mãos, caminhando quilômetros em marcha organizada e ameaçando os pobres fazendeiros que se encontram descansando em seus apartamentos no Central Park de Nova York, para ter a dimensão da falta de respeito que tomou esse país. O ditado "Nesse país não há discriminação racial porque os pobres conhecem seu lugar" há muito foi para o espaço. O que diremos aos nossos filhos? Você não chama isso de traição? Muito me admiro da sua compreensão. De que lado você está?

Prisões?! Mais uma vez lhe pergunto. Onde colocar esses camponeses marginais – principalmente os cabeças – e os bandidos urbanos, se não em cadeias? Tenho que rir da sua ingenuidade, quando você escreve sobre investir mais em escolas.

Por falar nisso, pensarei melhor sobre seu comentário acerca das residências populares e a escola ao longo das estradas. Compreendo sua preocupação em relação às crianças, o barulho provocado pelos carros que buzinam e passam em alta velocidade, além do perigo de serem atropeladas. Na verdade, nunca havia pensado nisso (minha escola ficava dentro de um lindo parque) mas, desde sua carta, tenho observado como nossas cidades são barulhentas. Você acha que as crianças notarão detalhe tão insignificante? E que o barulho as deixaria intranquilas para aprender? Quando pensei nesse projeto, a única coisa que visualizei foi nossos eleitores passando nos seus carros com ar condicionado e lendo os nomes de minha mãe e avó estampados nas portas dos colégios e nas placas enormes diante das casas. Quando casarmos, incluirei seu nome, com muito gosto.

No Leste, tenho sido muito bem recebido pelos coronéis. Parece-me que todos têm reclamações a fazer contra o governo federal. Dizem, com ironia, que o governo quer minar-lhes o poder, criando órgãos para erradicar as calamidades provocadas pela natureza. "Haha, mas aqui esse bunda mole do presidente não se mete", disse-me um coronel. "Nesse município quem manda sou eu. Caso o governo queira alguma coisa, tem que passar por mim. Tá pensando o quê?!", tornou a dizer e bateu no chão com a bengala que usava para bater na cabeça dos empregados. "Isso aqui está sob o meu controle e ninguém mete a mão."

A chance que estou tendo de conhecer tantas pessoas pre-ocupadas com os interesses nacionais só se apresenta em vida poucas vezes. Por isso mesmo, não perco nenhum churrasco, banquete ou mesmo pequenas reuniões íntimas com gover-nadores, deputados e famílias influentes.

Na terça-feira passada, não telefonei como combinamos, porque fui convidado para uma pequena reunião na casa de veraneio de um plantador de cana, muito simpático. Ele man-dou, inclusive, me apanhar de helicóptero. Estavam presentes alguns fazendeiros e um empresário elegantemente vestido, metido com televisão. Estudou na Sorbonne e de cada dez palavras que dizia, cinco eram em francês. Ele tem planos de candidatar-se a alguma coisa, mas ainda não se definiu. Pensa em fundar um partido – o que me estimulou a fazer o mes-mo. Ele pareceu confiante, fala bem e – pelo que ouvi de um convidado – tem uma capacidade inexplicável de chegar à ralé. Acho que nunca conseguirei essa química, por conside-rá-los desprezíveis. Você lembra de minha campanha, sabe que papai terminou perdendo a paciência e comprou todos os votos. Quem sabe, essa raça inútil pressente o nojo que sinto por ela.

Em quinze dias, viajarei para a região central do país, on-de planejo ficar pelo menos um mês.

Estou ansioso por voltar para casa, ainda mais depois do que você contou sobre mamãe. Engraçado, ela não tocou no assunto semana passada, mesmo tendo ficado longo tempo comigo ao telefone. Não fosse você, eu ficaria que nem um idiota, sem saber sobre sua escamação de pele. Bom, já contei muito sobre mim. Aguardo com ansiedade notícias suas.

Joselito Paraíso

Clara parecia-me muito ingênua. Eu sentia que ela podia ser facilmente cooptada pelas ideias socialistas-decadentes. Era demais para meu gosto a conversa para boi dormir, de que a patuleia tinha os mesmos direitos que nós. Mas eu era paciente. Sua família tinha poucas posses e sua maneira de pensar, possivelmente estava ligada às suas origens. Ou não era?

— Mulher não entende das coisas. Será que ela não vê quantos partidos existem no Congresso? E que eles aparecem que nem furúnculo em quem tem sangue fraco?! — reclamei dela ao falar com papai, por telefone, que concordou com a ideia de eu fundar um partido.

Querida Clara

Tem sido encantador o que tenho visto e vivenciado. Nosso país é lindo e estou orgulhoso de fazer parte da elite que o governa.

Minha permanência na região central tem-me permitido observar o planejamento urbano das maiores cidades do país e posso lhe dizer, com orgulho, que nossos engenheiros não ficam nada a dever aos europeus. Existe coisa mais linda do que um prédio de 10 andares ao lado de um de 30? Gosto da diversidade. Na Europa, eles edificam todos da mesma altura, como se harmonia fosse importante. O pior é cercarem tudo com árvores e argumentarem que o Homem precisa do verde. Bem que o coronel RMF (que me apoiou na ideia da fundação do partido – mas isso contarei depois), comentou que se queremos um parque, que saiamos, viajemos e nos refugiemos numa floresta. Outra coisa que me encanta são os pôsters espalhados por todos os cantos das cidades. Acho propaganda fundamental. Torna o ambiente cheio de vida. (Espero que você não venha com seus argumentos de que quanto menos estímulo visual, mais paz interior o indivíduo tem).

Sobre o partido, gostaria de lhe contar que o coronel RMF deu-me todo o apoio. Durante uma noitada, à base de cachaça e muita carne de bode, fechamos com alguns nomes, que mudarão imediatamente dos seus partidos para o meu.

Esse coronel é uma figura. Ele costuma dizer que é conhecido na região por roubar, mas fazer. Tem orgulho da fama que construiu e diz que, com fé em Deus, há de passar esse legado para o neto que dá seus primeiros passos na política. "Ele, como você, estudou direito", me contou. "No meu tempo não era assim; a gente ganhava no muque. Mas não tenho dúvidas que, conhecendo as leis, vocês estão no caminho certo para se tornarem políticos modernos".

Seu neto ficou radiante com a ideia do partido e logo se pôs a pensar o que poderia atingir chegando à liderança: "Com uma legenda só para nós, podemos usar e abusar dos acordos políticos". E seu avô completou com os olhos esbugalhados de ambição e álcool: "E quem sabe até mesmo lançar um candidato à presidência – se não no sério, pelo menos para melhor barganharmos".

Clarinha, sei que tenho futuro com os inestimáveis amigos que estou fazendo. Não vejo a hora de retornar e começar a construir o partido pelo qual concorrerei a alguma coisa.

Joselito Paraíso

A caminho...

Dois dias após minha chegada, sem titubear, papai disse que agora eu estava preparado para dar voos mais altos.

— A viagem amadureceu-lhe. Você conheceu o país e viu com os próprios olhos essa raça, que eu jogaria, com prazer, numa latrina.

Gelei. Eu não passava de um objeto, de uma marionete manipulada ao seu bel prazer.

— Alegro-me em ser útil ao senhor. — Que mais poderia dizer, quando sabia que tinha total controle sobre mim?

Nos dirigimos de braços dados para a ampla sala de piano e nos foi servido vinho e caviar. Através das portas que davam diretamente para os jardins, pude observar que o gramado continuava perfeito, como nos meus tempos de criança.

— Senador... senador... — disse papai, falando consigo mesmo.

— O que o senhor disse? — perguntei admirado com o passo enorme que queria dar às minhas custas.

— Você tem ideia de como o partido deverá se chamar? — inquiriu com ares de raposa diante de um coelho assustado.

— Pensei alguma coisa como, ááá... União Rural ou... Sei lá. Conheci tanta gente! Donos de fazendas...

— Não seja idiota! 'Rural' restringiria o partido ao campo. Não creio que seja o ideal — falou e acendeu o charuto cubano, que empestava a casa toda.

— O senhor tem razão. As fazendas estão cada dia maiores e o campo vazio. As pessoas se encontram amontoadas nas grandes cidades. Melhor seria, então, um partido que abarcasse, primordialmente, os setores urbanos, não é?

— Garoto esperto — disse. — O importante é abocanhar a classe média, fácil de ser manipulada e move-se de acordo com o vento. — Deu um gole no vinho, mexeu a boca escandalosamente, regurgitou para dar a impressão de ser um expert na bebida e finalmente engoliu.

— Nunca pensei que fosse fácil influenciá-la.

— E como!

— Como "E como!"?

— Basta manter os privilégios materiais que conquistou ou oferecer-lhe um pouco para se vender. Além do mais, o sonho dessa raça é fazer parte da elite. Veja, eles acham-se os donos da verdade por terem diploma de universidade e defenderem as liberdades políticas. Bom, o fazem só até o ponto em que a propriedade privada não esteja ameaçada.

— Nisso, então, é que nem nós.

— Bom dia! — Clara entrou sorridente, deu um beijo na testa de papai e outro em mim. Sentou-se ao meu lado, perguntou como eu passara a noite e sobre o que falávamos.

— Estamos deliberando sobre o novo partido. O que você acha?

— Boa ideia, mas vamos ouvir hoje à noite o coral da igreja?

— Quanto à sigla, você teria alguma sugestão? — tornei a perguntar, tentando trazê-la para a conversação.

Com ironia, ela sugeriu: "PP", Partido da Promessa; tudo fica no 'dito pelo não dito' ou melhor ainda, Partido da Filosofia do Laissez-faire.

— Não seria nada mal — comentei. — Mas com a sigla PFL já existe um.

— Então UDR — disse, com cara de desdém.

— E o "R" seria Rural, Ruralista, Republicano ou Racista? — foi a vez de papai perguntar. — Pois se se relacionar ao campo...

— Pensei "Unidade Democrática Racial".

—Democracia Racial? Não seria contraditório?

— E o que não é contraditório nesse país?

Caso eu tivesse dito aquilo, meu pai teria se levantado, dado-me um esculacho e se retirado da sala. Mas com Clara, não. De repente, me dei conta de que, com ela, era tolerante, paciente e mesmo amoroso. Quantas vezes eu lhe beijara a testa? Nenhuma. Quantas vezes entrei na sala onde ele estava, sem pedir licença e fui imediatamente expulso por me comportar deselegantemente? Inúmeras! Mas Clara entrou sorridente, como se não temesse uma reprimenda. E ainda o beijou!

— Clara é a filha que não tive.

Ela sorriu e dirigiu-se ao piano de cauda.

— Cla-ra!

— Quié — respondeu e, sem se voltar, sentou-se ao piano e dedilhou notas a esmo.

Tive a impressão que sonhara, que tivera um pesadelo.

— Cla-ra — repeti, na esperança de ouvir um: 'Sim' ou 'Pois não' ou mesmo um 'Fale'.

— Quié?

Olhei para papai, que continuou como se um escândalo não tivesse acabado de acontecer.

— Continuo receptivo a ideias — falei, dando a entender que ela ainda não estava fora do jogo.

— Então proponho Partido Socialista dos Despojados Banqueiros.

Mostrando impaciência, pedi-lhe que levasse a coisa a sério.

— É meu futuro político. Nos partidos que estão aí, dificilmente conseguirei indicação para avançar na carreira.

— Também... — murmurou a mulher que eu tinha como futura esposa.

— Sou bom. Bem... sei que não tenho carisma com a corja, mas tenho grandes ideias, e não seria de todo incorreto afirmar – com modéstia – que sou apenas o melhor.

Clara nada disse e saiu.

— Não ligue. Ela anda revoltada com os massacres de camponeses acontecidos no norte do país. Desde que concluiu o curso de Geografia, anda meio insatisfeita. Mas isso passa.

Aleguei estar ainda cansado da festa que mamãe dera para minha chegada e me recolhi. Mas não perdi tempo. Durante toda a noite, trabalhei no rascunho do Estatuto e Programa do meu partido. No dia seguinte, o expus a papai que, entusiasmado, liberou uma das salas da agência do banco para que eu montasse o diretório. Requisitei três bancários e preparei a documentação para dar entrada no registro da Genealogia Única e Incorruptível da Anatomia – GUIA.

O primeiro trabalho de dona Flor, a secretária, foi datilografar o Estatuto.

"O GUIA está aberto a todos aqueles comprometidos com a construção da ordem e do progresso da Nação.

Objetivo: Implementar o liberalismo clássico.

Art. 1. *Nosso compromisso maior é com a ordem. Por isso, exigimos de todos, permanente e ampla discussão de modo a garantir a legitimidade e a ordem do status quo.*

Art. 2. *Exigimos a realização de uma nova revolução tecno-*

lógica nos moldes da que houve na Europa, quando setores privados, com intuito de elevar o nível de bem-estar da sociedade como um todo, acumularam riquezas.

Art. 3. *Lutaremos com afinco por fraternização entre nós, do partido, e imporemos disciplina sobre a população.*

Art. 4. *Reconhecendo a separação dos três poderes, que formam o pilar da democracia, combateremos, se necessário com o uso da força, a centralização do poder.*

Art. 5. *Governar é atividade essencialmente ética. Reconhecendo a diversidade cultural do país, conclamamos a todos a se engajarem no nosso projeto nacional. Com ordem.*

Pedi a dona Flor que escrevesse o último item, o menor possível, pela desimportância que apresentava.

Parágrafo único: temos como meta eliminar gastos públicos, na área social e direitos trabalhistas.

Ao terminar de ditar, um dos funcionários pigarreou e só então percebi que não tinham nada a fazer.

— O que estão olhando?

— Chefe... — disse o que tinha a forma de pêra – era baixo e gordo.

— O que querem, diabos?

— O senhor tem certeza que o povo se identificará com tais propostas? — perguntou o linguiça – era alto e magro.

— Não atrapalhem. Mexam-se! Para isso são pagos.

Com brutos a gente não pode amolecer.

— Mas o que devemos fazer, chefe? — perguntaram os dois ao mesmo tempo.

— O que se faz em escritório de partido? — perguntei irritado com tanta imbecilidade.

73

O Pêra idiota correu e apanhou no depósito uma vassou-ra. Linguiça pegou os papéis, nos quais eu rascunhara o Estatuto, e botou fogo.

— Ma-mas o que vocês estão fazendo, seus babacas?

— O senhor disse para nos mexermos e fazermos o que se faz nos partidos. E o que vemos em diretório é funcionário destruindo papéis importantes e alguém limpando.

Tinha lógica seu raciocínio.

— Por isso varro a sujeira.

— Certo — confirmei e sentei com os pés sobre a mesa.

— Chefe — disse a secretária timidamente, — um partido precisa de filiados.

— Oh, a senhora tem razão. Não havia pensado nessa questão.

— Bom. Acredito ser importante para a credibilidade.

— Mas como consigo isso? — perguntei, tentando lembrar se no partido pelo qual me candidatara anteriormente havia visto alguém que tenha se definido como tal.

— Precisamos elaborar a Ficha de Filiação. Tentarei persuadir meus colegas de trabalho e conhecidos...

— Daqui para frente tudo será diferente. Todos os funcionários de papai terão que se filiar ao partido. Se não... — disse e fiz o gesto de quem afia a lâmina de uma espada e corta o pescoço de alguém.

— É isso aí, dotô — disse o Pêra.

— Doutor Joselito, não é por mal não, mas no Art. 1. acho que seria boa ideia o senhor acrescentar ao *Exigimos de todos* algo como: os nossos associados — sugeriu dona Flor.

— Tem razão, pois, se não, dá a impressão que se exige de toda a nação — disse o Pêra, varrendo e depositando o restante do papel queimado no cesto de lixo.

— Precisamos de pessoas que acreditem que política não seja apenas corrupção.

— Então tá — confirmou dona Flor, cônscia dos valores que norteavam meu projeto.

Durante o jantar daquela noite, papai apresentou dados sobre os quais antes não havia pensado.

— O senado, para o qual você concorrerá, é bem diferente da Câmara dos Deputados, onde as negociatas acontecem sem a dignidade do posto.

— Eu sei disso, papai.

— Ouvi de fonte segura que o Nando, o qual você conheceu no Norte, se candidatará à presidência da república.

— Mas...

— Ele é um palhaço. Nunca foi nada, nem prefeito, mas já pensa logo na presidência...

— Prepotente — falei sem inveja.

— ... e, como você, fundou também um partido. Chama-se Partido de Unidade Mobilizadora.

— Não acredito. Não pode ser. O senhor observou na sigla? Deve ter confundido.

— Não.

— PUM...

— Seu cachorro, mal-educado!

— Pai, é a sigla.

— Partido de Unidade Mob... É mesmo!

— Já pensou alguém perguntando na televisão de qual partido ele é?

Papai deu uma boa gargalhada, e ainda em espasmo, perguntou: — E o Piaçava-peão? Parece que se candidatará à presidência, também.

— Sei não. Com aquele bigode que mais lembra uma vassoura...

— Ele é o tipo de Clara — murmurou papai, tentando agora não ser ouvido por mamãe e vovó, que se encontravam na sala ao lado, bordando camisinhas para o bazar da igreja.

Sem perceber e em tempo recorde, tornaram-me um homem casado.

— Você tem que casar. Não existe senador solteiro — decidiram meus pais.

— Pra quê tanta pressa? Sou muito jovem... de qualquer maneira algum dia casarei... não estou preparado para formar família... não agora. Ah, e se casar, terei que parar com o projeto de ampliação do clube Eva Paraíso, para o qual já recebi, inclusive, dinheiro do Estado... Os prefeitos ficarão decepcionados comigo...

Ninguém quis me ouvir.

Vovó e tia Paula entraram de cabeça na preparação do bufê; mamãe e papai fizeram a lista dos convidados; Isolda e Vágner dedicaram-se a decorar a igreja; e para Clara e eu restaram a escolha das roupas que vestiríamos. Fui a favor de importar desde o vestido de casamento à meia e os sapatos; ao passo que Clara bateu o pé e disse que queria tudo nacional. — Quero algo nosso — argumentou como se fosse possível orgulhar-se de alguma coisa feita aqui. Mesmo as joias, ela impôs serem 'da gema'. Ridículo! Ainda mais quando minha mãe tinha tantas trazidas de sua terra. Eu, pelo contrário, importei tudo: do sapato à brilhantina – e não me arrependo – pois a nacional cheira a petróleo, enquanto a francesa, à banana-prata madura. Humm!

O casamento civil foi discreto; só para nossas famílias e os cem amigos mais chegados, enquanto o religioso fizemos questão de convidar dois mil conhecidos e políticos do país.

— Se convidarmos mais, a mídia pode interpretar como interesse eleitoreiro —, justificou papai.

Se arrependimento matasse, eu já estava morto. Ter convidado coronéis do Norte foi o pior erro. Além da família inteira, eles trouxeram agregados, os quais apresentavam como: "Esse é meu afilhado. Rapaz inteligente, mas preguiçoso. Vai ser padre", ou "Com esse, já tentei de tudo e fracassei. Decidi que será político". Vergonhoso. Acho que tem coisas que precisam ser tratadas com discrição. Depois daqueles comentários de mau gosto, fiquei a imaginar meu pai me apresentando e dizendo: "Verme até os cinco anos de idade. Decidi torná-lo político". E se um desses coronéis mal-educados tivesse a ideia de comentar: "Pois é meu amigo: verme, sempre verme!" E desse uns tapinhas em minhas costas?

Um horror!

Robinho, que nessa época pesava em torno dos cem quilos, veio acompanhado da noiva, Azaleia, filha do prefeito de Canapi, cidadezinha onde fizemos nosso primeiro comício. Naquela eleição, seu pai auferiu 100% dos votos. A unanimidade foi tão estranha que uma comissão foi designada para analisar o caso (até Sadan Hussein, no Iraque, teve a discrição de ganhar com 99,9%). Segundo o resultado da investigação, a cidade tinha três mil habitantes – e mil e quinhentas almas. É, ele venceu com quatro mil e quinhentos votos! O escândalo foi enorme, mas, surpreendentemente, não deu em nada. Segundo a odiosa esquerda, houve corrupção. Para nós, apenas descuido.

A pobre da tia Paula era o próprio contentamento em pessoa. Como ficara solteira e dizia, com recato, que se não casasse só daria para São Pedro, estava assanhadíssima com tanto coronel viúvo fazendo-lhe a corte. As vezes que nos cruzamos, antes e depois da cerimônia, encontrei-a falando e rindo alto – coisa inimaginável, pela castração que mamãe exercia sobre ela.

— Joselito, Joselito, meu querido — chamou-me e veio ao meu encontro numa das vezes que passei por ela e seus admiradores.

— Sim, tia.

— Contei àqueles senhores que, ao ler a notícia do assassinato do presidente JK, fiquei tão chocada que coloquei o jornal sobre o bidê e me pus a chorar. Eles olharam-me com admiração e riram entre si. Será que disse alguma besteira?

— Não que eu saiba. Só que no Norte, diferentemente do Sul, bidê não significa mesa de cabeceira, mas o local onde as mulheres fazem o asseio.

— Oh meu Deus! — exclamou, escandalizada com o que acabara de ouvir. — Agora entendo o porquê dos olhos arregalados.

— Alguém viu minha mulher? — perguntei a alguns amigos que encontrei no caminho em direção à churrasqueira.

— Não.

Mal cheguei à beira da piscina, dei de cara com mamãe que também não sabia onde Clara se encontrava. Meu pai aproveitou minha passada para apresenta-me a um jornalista especializado em política.

— O Moblat pode te ajudar a preparar-se para o senado — disse e introduziu-me a um senhor por volta dos sessenta anos, cabelos brancos que nem algodão doce e cara de mafioso.

— Muito prazer — falei e apertei-lhe a mão, que segurou

78

frouxamente. Esse ou é veado, ou apanha da mulher ou foi seminarista, pensei com meus botões.

— Ele mudou recentemente para a Folha do Estado e sente-se com as mãos livres para criticar o Bigode de Piaçava, demagogo.

— Muito bom. A gente tem que rir dessa história de distribuição de terra. Quanta demagogia! — falei.

— E pra piorar, o cara é peão de fábrica — comentou Moblat, com ironia.

— Nesse país não tem lugar para sindicalista no poder — disse papai sabendo do que falava.

Disse ter sido um prazer conhecê-lo, pedi licença e segui à procura de minha mulher.

Diante da churrasqueira encontrei Isolda e Vágner.

— Não, não a vimos...

— Está tudo em ordem? Precisam de ajuda? Qualquer coisa basta chamar um dos empregados... — sugeri e saí.

Enquanto continuava à procura de Clara, voltei a lembrar que éramos mais irmãos do que propriamente marido e mulher. Nosso casamento aconteceu – e aceitamos sem questionar – por termos sido prometidos um ao outro desde a infância. Não sentia atração sexual por ela, e nem por mais ninguém. Talvez por ter nascido verme? Não saberia responder nem a quem perguntar. Sou único no mundo, ou assim pensam meus pais. Afinal, qual mãe comentaria com uma amiga que tinha um filho verme? O médico e a enfermeira que ajudaram no meu nascimento, certamente, não tiveram tempo de registrar ou contar sobre minha existência a quem quer que fosse – o que poderia ter ajudado em estudos científicos. Segundo mamãe, no caminho para casa, os dois sofreram um acidente ao subirem na torre da igreja e de lá se jogaram, sem emitirem sequer uma palavra. Não gosto de pensar que tive algo a ver com o caso. Prefiro acreditar que o sinistro foi causado pelo cansaço da espera do nascimento.

Encontrava-me tão mergulhado no passado que não percebi ter chegado à sala de bilhar. Sacudi a cabeça para afastar as más lembranças e sorri amarelo ao me deparar com Clara e seus amigos.

— Oi — cumprimentei a todos alegremente.

— Oi — responderam e continuaram a conversar, como se eu não estivesse ali.

— Nada não. Estou só de passagem — desculpei-me, dei meia-volta e saí. Clara e eu não passávamos de bons amigos.

Retornei ao jardim com minhas recordações. Lembrei-me de mais uma pessoa envolvida com meu passado que teve morte inusitada. Falo de Ilsa, minha babá, que, sem explicação, depois de dois anos sem visitar a família, pediu autorização para sair da nossa propriedade e não mais retornou. Soubemos depois que nunca chegou a colocar os pés na casa da mãe. Antes de partir da cidade, inventou de assistir missa na mesma igreja onde o médico e a enfermeira morreram. Depois do ato religioso, subiu na torre...

— Oi, Joselito. Casamentão, hein?!

Eu vencerei, porque tenho força bruta de sobra...

— Pára! — falou Moblat, levantando da cadeira diante de mim e colocando-se ao meu lado. — Não é assim que você conquistará o público. Fale 'nós' — disse e abriu os braços como se quisesse incluir metade da humanidade debaixo de suas asas. — Inclua o povo no discurso; sinalize que você é um deles e que eles fazem parte do seu ciclo. Só assim você os convencerá.

— Danou! — exclamei e me joguei na cadeira de veludo azul importado, cansado de tanto tentar – sem sucesso – transformar-me num ser minimamente simpático.

Desde que começamos a trabalhar intensamente na campanha para o senado, que não tinha paz. Eu estudava discursos e assistia a vídeos de candidatos a presidentes americanos. Aprendia com a neurolinguística a técnica de manter-me concentrado no discurso. E tentava esquecer as ameaças de meus adversários de mostrarem meus pontos fracos. De quebra, fazia exercícios faciais para suavizar a expressão carrancuda. Puxava para cima os cantos caídos da boca e mexia os olhos em movimentos circulares. Depois de tudo fazer pelo bem dos que me assistiam, o Moblat ainda teve a petulância de dizer que meu astral estava carregada de ódio.

— Mas como suavizar a boca e os olhos, se quando vejo o magote de negros na minha frente, durante os comícios, tenho vontade de vomitar?

Meu consolo era pensar que, para o senado, o mandato durava oito anos e não quatro, como para deputado. O outro lenitivo era saber que trabalharia apenas nessa fase e, após a vitória, ficaria sete anos de folga. É, porque no último ano teria que me preparar para nova campanha.

Moblat voltou a sentar-se e disse para eu continuar.

— Porque sou o rei da cocada preta! — falei alto, cheio de entusiasmo, levantei o braço como se desse banana (ops!) e cuspi diversificado.

— E eu vou me matar. Assim entrego os pontos. Desisto — desabafou Moblat, enfiando a cara entre as mãos e fingindo chorar.

— Mas que diabo fiz agora de errado?

Moblat, pacientemente, me chamou de babaca e, em seguida, pediu desculpas (gentil da parte dele).

— Veja o Bigode de Piaçava. Ele usa de analogias e metáforas simples; o que faz com que o povo o entenda. Ele os chama de companheiros, como se a qualquer instante fossem no boteco da esquina tomar um chop.

— E o que fiz ao dizer 'cocada'?

— Ah, você quis se identificar com o povo se chamando de cocada, foi? Desculpe, meu amigo, por não ter entendido. — disse e foi ao banheiro. Pela demora e o barulho que fez, concluí que sentira enjoo e vomitara.

Fiquei prostrado. Eles (papai, Moblat e o povo) queriam demais de mim. Desesperado, recorri ao argumento de que no fundo achava a questão da empatia com o público secundária.

— Em campanha, meu amigo, vale tudo — enfatizou Moblat ao retornar do WC.

Papai interferiu: — Veja a cara do Clinton, sempre sorridente, fala com todos...

— Nando está para Bill Clinton assim como Joselito está para Bush — Moblat, o Mago da Mídia, fechou a questão.

— Então, usemos a tática do Bush que se apoia em slogans colocados, estrategicamente, às suas costas, em letras garrafais: "Sucesso... Força... Estratégia para Vencer..."

— Pode ser, pode ser — falei sem muito entusiasmo.

— Ânimo! Ou você é um derrotista? — insinuou Moblat.

— Meu filho, sei que, mesmo comprando os votos, o investimento retorna através de projetos. Mas seria bom se você ganhasse alguns votos além dos de sua família.

— Eu faço o que posso — argumentei.

Moblat retirou, de uma bolsa surrada de couro, o jornal A Folha do Estado. E mostrou a foto minúscula do Bigode de Piaçava na última página, fazendo discurso para trabalhador.

— Vejam só. O cara leva as massas ao delírio e é o típico peão. Aqui diz que, após esse discurso, uns brucutus pagos fizeram-lhe carinho na nuca. Ele agora se encontra em repouso no hospital e ficará de cama por uns bons dias.

— E o Nandão aqui, ó, na primeira página com cara de cantor de bolero e pose de príncipe! — exclamei. — Também, com o apoio que está recebendo dA Folha do Estado e do jornal O Universo, além do canal de televisão, a Terra... Só vai dar ele para presidente.

— Ele é bonitão — amunhecou Moblat, para em seguida se recompor. — Quero dizer, faz um tipo.

Contei a Moblat ter jantado uma noite, no Norte, com o Nando e que de cada dez palavras, nove ele vomitava em francês. "Pardon, pardon, pardon", falava, irritantemente, a cada arroto, e explicava que a culpa era da úlcera no estômago.

— Diz ele que fez doutorado em alguma coisa na Sorbonne e que é adepto do progresso – desde que com ordem.

Conta que, desde criança, sua mãe só falou francês em casa — comentou papai muito sério.

— O senhor bem que podia ter ensinado-me seu idioma.

— Não seja bobo — cortou papai e mirou-me com o mesmo olhar que eu dirigia à raça asquerosa, quando precisava dela a cada eleição.

— O Nando promete acabar com os parasitas do Estado e o Bigode quer trazer essa raça imprestável ao poder. Não sei onde vamos parar. — Papai parecia encontrar-se numa encruzilhada, tanto quanto seus amigos banqueiros que frequentavam nossa casa.

— A que pé chegamos — desabafei.

Papai apertou o botão do interfone sobre a mesa, chamou o secretário e entregou-lhe um papel com a indicação de vasculhar a vida do Nando e do Piaçava.

— O senhor acha que sua atitude é correta? — perguntei e me joguei no sofá de veludo verde importado. Lembrei-lhe de uma conversa que tivemos, na qual colocou que os políticos deveriam manter-se na linha da discussão de ideias e no limite das críticas administrativas e políticas, sem se imiscuir na vida pessoal dos adversários, para não se atolar no crime da calúnia e da difamação.

— Palavras, nada mais do que palavras — afirmou papai, sabendo que o que dizia em relação a princípios, valia tanto quanto uma banana (ops!).

— Devo prometer alguma coisa para os milhões de inimpregáveis?

— Prometa qualquer coisa e, caso lhe perguntem depois, diga "esqueci do que falei".

— Precisamos definir um conceito e, a partir daí, montar uma tática — foi a vez do Moblat voltar a opinar. — Analisar o que diferimos e o que temos em comum com os adversários com quem queremos coligar e juntos governar o país. Não vejo diferença entre o discurso de Nando e o seu. Ambos querem chegar ao poder a qualquer preço, apossar-se da máquina do governo e distribuir benesses entre os pares. Nando domina a arte do engodo e usa de populismo descarado, ao passo que você não tem empatia e odeia a gentalha. Já o Piaçava está do outro lado da cerca – tem origem humilde e identifica-se com o povo.

A avaliação do Moblat me pareceu consistente.

— Mas o que o Bigode quer que nós não queiramos? Diga, diga! — perguntou papai nervoso. — É abuso da oposição tentar mostrar-se diferente. Esse diabo – o Bigode – quer, primeiramente, comida na mesa do pobre e escola para suas crias; dignidade, igualdade, bem-estar, ordem, direito, poder, dinheiro — esbravejou nervoso. — Vejam, eles querem basicamente o mesmo que queremos.

Tanto o meu queixo quanto o de Moblat caíram. Olhamos papai como se tivéssemos um louco diante de nós. Mas ele, com um sorriso diabólico, brincou por um momento com nossas caras e sua caneta Mont Blanc folheada a ouro, sem nada dizer.

— O senhor fala do Nando ou do Bigode? — indagou Moblat, sem entender onde papai queria chegar.

— Falo do Piaçava.

— Âáááá — gemi.

— Nós também queremos tudo isso — disse e levantou-se, deu a volta em torno da mesa e voltou a sentar-se na cadeira de couro com recosto alto. Depois da pausa, que nos pareceu uma eternidade, pigarreou e concluiu: — A diferença é que nossas prioridades estão em sentido inverso das dele.

Ficamos em silêncio, surpresos com a tirada genial de papai. Depois nos pusemos a rir como três desgraçados.

Dois meses depois do meu casamento, vieram Robinho e sua noiva passar uns dias conosco. Fomos ao teatro assistir ao musical 'Os Miseráveis', de Victor Hugo, e aproveitamos para jantar no recém-inaugurado restaurante Putantella, de propriedade de um mexicano que preparava pratos russos deliciosos. Acho que a saída não foi uma boa ideia, pois Clara revoltou-se com a história de Valjean e decepcionou-se com a comida russa quando esperava italiana. Para culminar o desastre, pagamos um preço mafioso. Explicar-lhe que o que eu ganhava na Câmara dos Deputados dava – pelo menos – para cobrir essas extravaganciazinhas, não a acalmou e, na manhã seguinte, durante o café da manhã, continuou azeda.

— Mas, Clarinha, qual é o problema do personagem Jean Valjean ter ficado dezenove anos na prisão?

— Por um pedaço de pão?

— Roubou, tem que pagar.

Clara não quis conversa.

Azaleia, compreensiva, achou correto a perseguição praticada por Javert – o funcionário público obcecado pelo cumprimento do dever até suas últimas consequências.

Enquanto decidíamos o que era ser um bom funcionário público, papai chegou acompanhado de mamãe e vovó, e perguntou o que se passava. Clara contou sobre sua revolta.

— Acho que Clara tem razão — concordou vovó. — Nada justifica tanto tempo na prisão.

— Na nossa terra era assim, não é, Lobo? Não só os funcionários, mas toda a população obedecia sem questionar.

— E é exatamente por isso que essa terra aqui não vai pra frente. Ninguém obedece às leis. Todos só querem lucrar, sugar...

Nisso, o telefone tocou. Um empregado veio até papai e disse ser urgente.

— Traga o telefone... Não! Deixe que eu vou — ponderou e, sem esperar que o empregado puxasse a cadeira depois de levantar-se, foi à sala ao lado.

Mantivemo-nos em silêncio como se incomodasse, caso falássemos.

Era um funcionário da prefeitura perguntando o que devia fazer com o peão de uma das fazendas que requeria o direito de propriedade sobre um terreninho onde nascera e trabalhava há mais de cinquenta anos.

Papai gritou: — Com quem esse infeliz pensa que está tratando? E essa história de "mas doutor, ele gostaria de deixar algo para os filhos, além da miséria e da fome" não me convence.

Meu pai não deu corda. Desligou batendo o telefone, como se quisesse que o aparelho atravessasse para o outro lado da terra. Voltou para a mesa onde continuou a comer suas frutas e seu queijo com doce – os quais não dispensava.

— Você está vendo como são as coisas? — falou dirigindo-se à Clara, depois de uma longa pausa. — Permiti que esse Zé das Quantas continuasse a usar a terra pra plantar e não morrer de fome e agora ele exige registrar o terreno no nome dele...

— Ele tem direito. A terra tem função social...

— Clarinha, meu doce de coco... — falou papai — isso pode até existir no papel, mas daí à prática tem uma longa distância.

A criada que servia o café aproximou-se e colocou sobre o prato de papai dois brioches quentinhos.

Mamãe bateu gentilmente no ombro dele e pediu que se acalmasse. — Você tem toda razão, meu lobo velho.

Duas horas e meia foram suficientes para tomarmos o café da manhã em família.

— Doutor Joselito, o doutor Moblat chegou. Posso autorizá-lo a vir até o jardim? — perguntou o mordomo.

Olhei o relógio e vi que ele chegara no horário combinado para prosseguir meu treinamento.

— Não. Leve-o direto ao escritório e diga-lhe que logo irei.

Precisamos de mais meia hora para fazer a digestão e só então convidei Robinho para me acompanhar.

Bastou Robinho colocar os olhos nele para reconhecê-lo.

— Ssshh... Esse cara é conhecido no pedaço como alguém capaz de vender a própria mãe pra conseguir o que quer. Mente e acusa que é um horror. Lembra-me um cafetão que conheci na zona de Canapi.

— Onde mesmo? — perguntei curioso. Era o lado vulgar de Robinho que eu desconhecia.

Apresentei os dois e dispus-me a dominar a arte do engodo com perfeição.

Nisso o telefone tocou. Era o Tonhão, um senador do Norte, perguntando se podia mandar o Toinho Neto ajudar na elaboração de minha campanha.

— O garoto precisa aprender.

— Mande, mas só depois dele se filiar ao meu partido.

— Quantos netos seguindo as pegadas dos avôs! — comentou Moblat depois que desliguei. — Terei muito trabalho para orientar essas crianças que seguem os exemplos dos parentes...

— E esse também estudou Direito que nem eu, Robinho e o neto do RMF.

Papai chegou naquele instante e foi logo opinando com um tom de voz e uns olhos gelados que me fizeram arrepiar.

— Joselito, procure repetir a palavra 'república' nos seus discursos. Associe à ideia de democracia.

— Mas existem tantas repúblicas sob ditadura...

— Cale-se e não me interrompa — ordenou papai. — O povão, para quem você discursa, não sabe nem percebe a diferença. O objetivo é que confundam uma coisa com a outra; passem a acreditar que vivem sob os princípios da igualdade.

Quando meu pai falava, não sei por quê, mas sua voz anasalada provocava em mim o mesmo efeito que o som de uma máquina cortando metal ou mesmo o de minha professora riscando o quadro negro com giz endurecido – krrrrr. Estou certo que seu elegante e afilado nariz em forma de salsicha dificultava a passagem do ar. Outra coisa que me impressionava era sua técnica de tirar meleca com um lenço de seda enrolado em forma de canudo. Enfiava-o tão profundo que, não tenho dúvidas, às vezes, atingia o cérebro, pois dizia "ai".

— O Bigode disse em seu último discurso que nem só chuva vem de cima nesse país. E acusou que a Declaração de Independência e a Proclamação da República foram feitas em surdina, em palácio de príncipe e sala de militar. Eu me pergunto onde ele gostaria que fossem feitas tais decisões. Seria na casa da Mãe Joana ou na quitanda, junto com a famigerada patuleia, diante de um copo de aguardente? — perguntei, mostrando que tinha algo mais no cérebro do que minhoca.

— Esqueça esse cara e aprenda com o Nando, que vem de família rica e poderosa que nem a gente — aconselhou Robinho, dando-me força. — Além do mais, se ele incomodar muito, a gente chama a polícia e manda-o para a cadeia.

— Sei não... — falei e balancei a cabeça em sinal de dúvida.

— Leia essa frase de efeito que consta do seu próximo discurso — mandou Moblat, entregando-me umas folhas de papéis cheias de observações, feitas com tinta vermelha.

E eu li.

— 'O povo sabe que somos a solução para os problemas do país. Geraremos milhões de empregos, acabaremos com a corrupção e todos terão cinco refeições ao dia. Nos postos de saúde, um doente não esperará mais do que dez minutos para ser atendido e ladrão irá definitivamente para a cadeia.'
— Fiz pausa para respirar e aproveitei para assoar o nariz. Moblat ficou furioso e gritou que, durante um discurso, com as televisões focalizadas em cima de mim, seria inaceitável fazer o barulho que fiz.

— Você pareceu um porco rosnando.

Sua crítica não me abateu. Agora estava entusiasmado. Nada mais me pararia e continuei.

— Venceremos com humildade e firmeza. Não pensamos em interesses eleitorais...

Antes que eu pudesse terminar, Moblat tomou o papel das minhas mãos e perguntou onde estava escrita essa última frase absurda.

— Eu inventei.

— Pois não faça. Todos rirão de você.

— Lugar de ladrão é na cadeia — continuei de maneira espontânea. — Roubar dinheiro público é imperdoável!

— Tá quente! Essa foi muito boa, mas se você não levantar a cabeça e olhar nos olhos de pelos menos algumas pessoas da plateia, não parecerá verdade. E, se você quer enganar, tente parecer o mais honesto possível — disse Moblat.

— Levante os punhos e fale como se quisesse esmurrar alguém — acrescentou Robinho, fazendo referência ao Nando que usava dessa técnica. — Passe energia, virilidade.

— Ô animal, de cabeça baixa e os olhos como de um touro em posição de ataque não passa confiança. As pessoas sentem-se agredidas, têm a impressão de que você quer pular sobre elas e arrancar-lhes as entranhas (ou o dinheiro). Passe paz, confiança, segurança... — aconselhou papai.

Após tão vibrante discurso, senti-me exausto. E tornei a jogar-me na poltrona de veludo amarelo importado.

Alguém bateu à porta. Era a empregada informando que os cartazes da campanha haviam chegado.

— Devo mandar o encarregado da gráfica entrar?

Eu mandara estampar nos cartazes apenas o fundamental.

Vote no número 2,5
Para senador
Joselito Paraíso
Nossa meta é gerar empregos!
Abaixo os impostos!
Abaixo o interesse eleitoreiro!

Passaram-se meses, sem que eu apresentasse melhora na técnica de convencimento do povo. Para consolo de papai, que não queria comprar todos os votos como da outra vez, decidimos abrir uma conta – nº 2324-25 – de fachada, no nosso banco, para as pequenas contribuições. As grandes vinham de avião particular, em malas recheadas de verdinhas, que eu enviava para fora do país.

Dizer que eu não sentia inveja do Nando por não dominar a arte da retórica, seria contar meio-verdade. O que mais me revoltava, porém, era ele manipular os instintos primitivos do povo, enquanto eu não conseguia nem que eles me ouvissem por cinco minutos. Onde me encaixava? Eu sabia mentir e muito bem! Minha incapacidade estava no convencer. Do Bigode, nem comento. Ele não precisava inventar. Era um deles. Os argumentos do Moblat e de meu pai de que minhas feições afastavam as pessoas, não respondia tudo. Bastava olhar o Tonhão e o RMF para ver que eles pareciam monstros com cara de cavalo. É, mas a voz e os olhos passavam suavidade — de touro calmo. Os meus, pelo contrário, atraíam apenas mulheres que não me interessavam.

Perdi as eleições

Às vezes me atacavam comichões pelo corpo, mormente nos locais em que outrora estavam os braços e pernas que perdi. A pele se irritava, ficava avermelhada e enchia de caroços. Eu sentia que algo anormal encontrava-se por baixo dela. Tal irritabilidade permanecia alguns dias. Com maior ou menor intensidade, regredia e, por último, desaparecia. Contei o fato a mamãe, que não soube explicar o que se passava, mas também não sugeriu minha ida ao médico.

— Mostre à sua vó.

— Agora?

— Sim.

— Ela não parece muito disposta a conversar...

— É a festa do próprio aniversário que a tem deixado muito agitada.

— Não só a ela, mas a todos nós.

— Ela em especial.

— Os vômitos frequentes... sei não. Mas deve ser por causa da velhice avançada...

— Nunca vi idoso assim.

Sua passagem desta para outra nos pegou totalmente de surpresa.

Tudo aconteceu durante a festa que meus pais organizaram para comemorar seus 107 anos.

— ...mas sinto fraqueza, dores nas costas, náuseas, suores

frequentes. Meu intestino não funciona direito e minhas pernas parecem balões inchados. Só desejo paz.

Quanto desinteresse ela demonstrava!

Mamãe insistiu. Não se deixou dobrar pela má vontade de vovó. E o acontecimento social da temporada foi embalado pelos acordes da orquestra sinfônica da cidade! Veio uma centena de convidados, trazendo joias, artigos de decoração e flores como presentes. Além do prefeito, marcaram presença o governador, o diretor da maternidade, que tinha o nome de vovó, e dois antigos conhecidos do partido sabelianista que aqui buscaram refúgio, após o final da guerra. Também vieram políticos financiados por papai e alguns membros do meu partido.

Mamãe fez questão de que tudo lembrasse sua terra, inclusive a decoração da mansão e a comida típica da região de onde vieram.

Robinho, acompanhado da eterna noiva, ofereceu-se para cantar uma opereta – ao que todos fomos contra. Isolda e Vágner, pé de valsa, dançaram aos acordes das músicas que lhes traziam muitas recordações, enquanto meus pais preferiram passear entre os convidados, ao passo que a pobre da vovó só queria cama.

Clara insistiu diversas vezes para que fosse deitar-se, mas todos nós discordamos.

— Ela está cansada. Precisa repousar.

— Que nada! Pra que, então, fizemos a festa?

— Para satisfazer o ego de vocês — respondeu Clara.

Ao ouvir os primeiros acordes da música 'O Navio Fantasma', desceu-lhe lágrimas dos olhos.

Clara não aturou a visão e chamou a enfermeira encarregada. No momento em que aquela pegou-lhe na mão e esta,

94

por trás, empurrou a cadeira de rodas, a cabeça de vovó tombou para o lado, e de sua boca escorreu uma baba branca, gosmenta, como a que eu regurgitava no ombro de mamãe quando bebê. Vovó foi levada imediatamente para o quarto, onde foi confirmada sua morte.

Como que num cenário de filme, a banda parou de tocar e os músicos foram dispensados. Porém, nenhum dos convidados retirou-se. Trocaram apenas o ar animado de festa pelo de velório e passaram a conchavar e fofocar aos sussurros.

Mal enterramos vovó, a campanha para o senado entrou na reta final. Dediquei-me de corpo e alma a preencher os desejos de papai, que parecia achar que o céu era o limite. Contratei o Neto, filho do senador Virgílio, para organizar as finanças, e o Dudu Marqueteiro para dar um empurrãozinho na propaganda – o que, posteriormente, me arrependi. Nunca vi alguém tão complicado para receber pelo trabalho feito, quanto ele. Exigia que o pagamento fosse feito somente no exterior. Mesmo sendo especialista em desviar divisas do país, senti-me pinto diante do trajeto do dinheiro imposto por ele.

Os últimos dias foram um Deus-nos-acuda. Carreatas, distribuição de chaveiros e camisetas com meu rosto estampado; cabos eleitorais no diretório em busca de dinheiro para pagar bocas-de-urna, juízes desesperados, oferecendo seus préstimos para desempatar possíveis vitórias indesejáveis; gráficas cobrando por trabalhos feitos, apresentando notas frias em nome de firmas inexistentes, e, por último, gente que vinha vender o voto em troca de um liquidificador ou mesmo de uma rede nova para um filho poder dormir.

No dia da eleição, as urnas foram cerradas às dezoito horas. A previsão era de que a contagem dos votos demorasse dois dias. Mesmo tomado pela ansiedade, dormi que nem um anjo durante toda a noite e, ao levantar-me ao meio-dia, tomei café. E, logo que pude, passei no diretório para saber das novas.

— O boletim das quatorze horas acabou de chegar — comunicou-me dona Flor ao ver-me entrar.

Pedi-lhe que o colocasse sobre minha mesa e fui dar alguns telefonemas.

— Onde estou tem mais fiscais da oposição do que gente contando voto — comunicou-me Robinho.

— Aqui está todo mundo doido. Sei não. Acho que está havendo compra de votos — informou-me Clara, que ajudava no controle da apuração num bairro periférico.

— Doutor Joselito, deve ser o receio de que o senhor faça como eles, que roubam e pensam que todos são iguais — falou dona Flor, entrando na sala com café fresco numa bandeja.

Finalmente, ao cair da segunda noite, o resultado foi publicado: eu conseguira dez por cento dos votos necessários para me eleger.

Em vez de sofrer com o fracasso da eleição, direcionei todo o meu pavor para a pessoa do meu pai. Como encará-lo? Como assumir que os dez por cento conseguidos foram exatamente os que ele comprou?

No caminho para casa parei com Robinho num boteco da periferia. Precisava preparar-me e, se possível, adiar o confronte com a fera de olhar gelado que nem um lobo.

O bar era simples, mas limpo, e lembro que, se não fosse pelo carro importado, os frequentadores nem teriam percebido nossa chegada. Dissemos "boa noite" e pedimos duas doses de whisky. O dono nos olhou como se fôssemos ETs. — Aqui só vendemos cerveja e cachaça da boa — respondeu com um largo sorriso e nos indicou a mesa da calçada.

— Se acalme. O Senado não é como a Câmara e seu pai sabe disso.

— Papai não sabe perder.

— Mas quem perdeu foi você...

— Engano seu.

Nisso chegou o dono do bar com dois copos de cachaça pela metade e mais umas azeitonas e pedaços de queijo, que, se não fosse pelo meu miserável estado psicológico, jamais teria arriscado colocar uma migalha sequer na boca.

De um gole, entornei o líquido que desceu queimando minhas entranhas.

Robinho olhou-me decepcionado, mas, mesmo assim, brindou sua vitória para vereador e, provavelmente, em silêncio, minha derrota.

Pedimos uma segunda e depois uma terceira rodada.

— Tenho certeza de que a causa de minha derrota foi ter seguido a ideia louca do marqueteiro de colocar minha foto nas camisetas.

— Não só...

— E o que mais? — perguntei surpreso com a insinuação.

— Ummm — disse para disfarçar a espontânea resposta saída do mais fundo da alma. — Que tal pensar na sua cara durante os comícios e na maneira que você fala? Transparece asco pelo povo.

— Voltarmos a essa questão não tem sentido. Não consigo mudar o nojo que sinto por essa raça desprezível.

— Pra você só uma ditadura resolveria, meu amigo. Você não precisaria de eleição, seria imposto... Que tal 'governador biônico'? O povo teria que te engolir...

— Certamente eu me adaptaria.

Robinho pediu mais uma rodada.

— Não fosse o desejo de meu pai realizar seus sonhos através de mim, talvez eu fosse feliz — falei alcoolizado. — Estou certo de que ele gostaria que eu fosse um filho mais dinâmico e empreendedor.

Robinho fez sim com a cabeça.

— Ele só não me demite porque sou seu filho. Da mesma forma que não me demito por ser filho dele. Eu venderia minha alma para ter a coragem de me perfilar diante dele e dizer-lhe o quanto me pressionou toda a vida! Jogar-lhe na cara o fato de ter sempre decidido por mim, sem nunca perguntar o que eu desejava da vida. Como eu gostaria de dizer-lhe: "Pai, meu sonho é tornar-me um grande artista, quiçá, pintor; semelhante a Michelangelo ou, pelo menos, ao Leonardo da Vinci".

— Mas, que eu saiba, você nunca pintou! — exclamou Robinho com cara de idiota.

— Nunca é tarde para começar. Mas deixa-me continuar. Até mesmo sobre Clara eu falaria e diria que, por mais que eu goste dela, não sinto atração sexual por ela.

— Isso eu sei.

— O desgraçado é que a relação entre meu pai e eu é baseada num sentimento de culpa da qual nunca me livrarei.

— Que diabo cê tá falando, homem? — perguntou Robinho vulgarmente – creio que por efeito do álcool.

— Você nunca pensou na dívida que carrego por ter nascido verme e, mesmo assim, ter sido aceito por ele? Nunca ter sido renegado?! Fisicamente, sou um verme; puxei para o lado de minha mãe. Contudo, no que se refere ao caráter, sou um pulha. Sempre fui a cópia escarrada do meu pai. Tudo fiz para agradá-lo, até mesmo sufocar o mínimo de consideração que pudesse ter tido pelos seres desprezíveis desse país. — Tentei rir, mas o sorriso saiu tão reprimido quanto havia sido minha vida.

— Meu amigo, — disse Robinho e colocou a mão sobre meu ombro — você nasceu verme, transformou-se num político e, com isso, reforçou suas origens. Eu não nasci como você, mas transformei-me num igual, por opção...

Sem deixá-lo terminar de falar, balbuciei que, na verdade, meu pai escolhera por mim.

— Mas você gosta do que faz! Ou não?

— Sim, muito, mas...

— Então, qual é o problema? Te assume!

— Sou um fracassado. Não entendo por que perdi a eleição. Apresentei tantos projetos durante o meu mandato. Será que o povo não vê? Não reconhece quem luta por eles?

— Não exagera, né?!

— Você lembra daquela proposta que fiz de desviar, do Norte para o Sul, o curso do maior rio do país? A Câmara só não aprovou porque entramos em recesso. E quando retornamos, em vez de continuarmos o debate em torno do tema, fomos obrigados, por pressão do populacho, a votar a cassação de vários colegas envolvidos em corrupção.

— Quem não se lembra dessa época!

— Tivemos que cortar cabeças para serenar a ira do povo.

— O que parece não ter aumentado o respeito pelos parlamentares.

— E o projeto de lei de acabar com o desemprego durante a seca?

— Esse eu esqueci.

— Pois não propus que enchessem de pedra a margem direita de um rio, botassem as pessoas para carregá-las para o outro lado e, no ano seguinte, fizessem o movimento inverso?!

— Mas, pelo que me lembro, esse não foi aprovado.

— Culpa da oposição. O partido do Bigode barrou.

— Aquele...

— De todos os meus projetos, o que se transformou na menina dos meus olhos foi a tentativa que fiz de mandar todos os nortistas para o Norte e depois dividir o país ao meio.

Robinho começou a mostrar-se entediado.

— Levanta o astral, meu amigo. Você só pensa nas coisas que não deram certo. Lembra do hospital que você ampliou, acrescentando três leitos? Da estrada para a fazenda do seu pai que você prolongou em alguns quilômetros? E o teatro que você mandou pintar a fachada?! E os dois banheiros da biblioteca que mandou renovar?! O mais nobre que achei da sua parte foi ter trocado os nomes de tudo para Eva, em homenagem a sua querida mãe. Todos reconhecemos o carinho que você tem por ela.

— O povo não vê o quanto me empenhei...

— Veja o Campeonato de Lançamento de Botas de Borrachas a Longa Distância! Foi sua ideia. E parece que anda bem. Ouvi dizer que, na cidade vizinha, abriram uma nova sede com três associados.

— É? — perguntei emergindo, momentaneamente, da apatia em que me encontrava.

— Sim. Um vereador do nosso partido, sua mulher e o filho... Mas tem futuro.

— A coisa parece expandir. Faço questão de deixar marcada minha passagem pela vida pública.

— Tem chance.

— E a última proposta que levei meses elaborando? Foi aprovada no parlamento, mas rejeitada pela população.

— Tinha algo com domésticas, se não me engano.

— Viu?! Até você se lembra!

— Mas o que era mesmo? — perguntou Robinho e cantarolou um trecho da ópera Aída.

— Elaborei a lei que botou, finalmente, ordem nos uniformes domésticos. Pena que somente a maior loja de artigos de luxo do país aderiu à ideia. Agora, todas as suas empregadas usarão vestidos azuis com gola de babado laranja, meias grossas e sapatos mocassins, como os índios americanos.

— Combina com o estilo da loja – chique-brega.

— Nessas horas, sinto orgulho de mim.

— Mas, pensando bem, a exigência de meia nesse calor não seria algo, vamos dizer... exagerado?

— Mas, hoje em dia, quem tem empregada tem que instalar ar condicionado na casa toda.

— Correto. Nisso não havia pensado.

Robinho era realmente um amigo. Mesmo tendo ganho as eleições para vereador, não se negou a beber comigo as cachaças que emborcamos goela abaixo. Pedimos a saideira, pagamos e nos despedimos do dono do boteco com um forte abraço.

Na manhã seguinte, tentei lembrar o que acontecera no dia anterior, mas as únicas recordações foram o desagradável cheiro de cachaça e o momento em que abracei e apertei a mão do pobre coitado do dono do bar furreca que nunca vira em minha vida. Certamente foi um pesadelo, pensei.

— E agora, o que você planeja fazer da vida? — Papai me perguntou, durante o café da manhã, num tom sarcástico que me lembrou a soda cáustica, que joguei um dia no meu gato de estimação.

— Ainda não sei.

— De hoje em diante, o Piaçava está proibido de ser mencionado nesta casa — falou como reação à vitória do peão vencedor à Presidência da República.

— Soube que o Nando usará a sobra de campanha para financiar a reforma da casa com jardins suspensos, que comprou nos Estados Unidos — informou mamãe.

— Pelo menos não sai da campanha com as mãos abanando, como alguém que conheço. — Papai era sutil.

— E quem lhe passou tal informação se ainda nem saiu na imprensa? — perguntou Clara.

— O senador Tonhão, que ligou para comunicar a vitória do neto.

Antes que a criada recolhesse as louças, Clara levantou-se, beijou-me na testa e disse que ficaria ausente durante o resto do dia. Mamãe alegou precisar fazer compras e também se retirou, enquanto papai seguiu lendo o jornal e fumando seu charuto cubano. Por minha vez, recolhi-me no quarto para dormir e tentar esquecer a ressaca e os dissabores da eleição.

Tive um sonho agitado. Vi-me como um touro vigoroso e bufão numa tourada em Madri, cheio de espadas enfiadas nas costas. A cada lança que o toureiro – ou toureira? – cravava, estufava o peito e fazia uma mesura em direção ao público. Eu, dominado pela dor, dava voltas na arena, jogava as patas traseiras para trás como um potro revoltado e atacava aquele pano vermelho idiota, que a toureira – agora tinha certeza ser uma fêmea – sacudia diante dos meus olhos. O máximo que conseguia era enfiar os chifres no ar, enquanto a garbosa toureira puxava os quadris para a direita e esquerda, esquivando-se dos meus ataques, nobremente.

Por volta das duas da tarde, acordei com o telefone tocando. Atendi e ouvi o vozeirão de um homem dizendo para eu ir encontrá-lo no lugar de sempre. Acho ter confirmado com um grunhido, pois ele disse "Até mais". Depois de desligar, permaneci um instante deitado e só lentamente percebi que algo não conferia. Levantei e, enquanto lavava o rosto, fiquei a me perguntar quem teria sido. Lembrei ter dormido na cama do lado de Clara e que o telefonema, certamente, era para ela.

Clara tem um caso, concluí imediatamente.

Daquele instante em diante, não parei de olhar o relógio. Não via a hora que ela retornasse dos seus afazeres, à noite.

Às sete, ela chegou, deu-me um leve beijo nos lábios, conversou um pouco e preparou-se para o jantar como usualmente fazia: vestiu um longo, colocou seu colar de pérola preferido – duas voltas – e bebeu uma pequena taça de vinho para estimular o apetite.

O 'pega pra capar' ocorreu depois que nos recolhemos no quarto. Meus pais não tolerariam uma discussão diante deles.

— Quem era ao telefone? — perguntei, tentando dar uma de marido ciumento.

— Não sei do que você está falando — respondeu Clara, tentando dar uma de esposa inocente.

— Ora, Clarinha, diga apenas quem era o homem com aquele vozeirão.

— Sei não. Bem...

Permaneci duro. Não movi sequer uma pálpebra. Ela marchou em direção à porta do toalete da suíte, abriu-a e, antes de entrar, virou-se e disse:

— Se você quer mesmo saber... É o Robinho.

— Qual Robinho?

— Ora, qual Robinho...

— Não, diga.

— Quantos você conhece?

— Bem... um.

Instintivamente, descalcei os sapatos e estendi os pés sobre o sofá na esperança de ela sentir-se mais à vontade para falar.

— Então...?

— Não pode ser!

— Claro que pode.

— Mas...

— Isso.

Olhei-a demoradamente. Meus neurônios moveram-se como átomos em reator atômico. Sem nada dizer, calcei as sandálias de casa, desejei-lhe boa noite e saí para dar um bordo nos jardins. E no caminho repeti sem parar: "Mas o Robinho?! Meu melhor amigo?! Comendo minha mulher?!"

Renascimento político?!

Fui até a piscina nadar com meus cachorros, feliz por algo de bom ter acontecido em minha vida. Meu grande amigo Robinho comia minha mulher, retirando-me a obrigação de desempenhar um papel que nunca preenchera satisfatoriamente. Agora entendia o porquê de Clarinha não fazer questão de ir para a cama comigo e fingir acreditar nos meus arroubos sexuais.

— E aí, meu amigão? — cumprimentei Robinho quando veio me visitar algumas semanas após a revelação.

— Clarinha me contou que você agora sabe...

— Éééé!

— Pois é. Fazer, né...

— É. E estou muito feliz.

— Eu também...

— Então estamos todos felizes.

— Estou meio sem jeito...

— Fique, não. Você retirou um grande peso dos meus ombros. Afinal, você seguiu toda a trajetória de nossas vidas e sempre soube que eu não a amava, que a tinha apenas como boa amiga. Na verdade, não tivemos escolha. Nossos pais nos casaram, em vez de termos casados por paixão.

Silenciei sobre minha assexualidade. Nunca tratara do tema com ninguém, e não seria agora que o faria.

— Então está tudo bem?

— Ah, não fosse a derrota eleitoral, estaria melhor.

— É.

— E como vai Azaleia?

— Quase não a vejo. Está sempre em Canapi, com sua família...

— Cá entre nós, o nome dessa cidade é esquisito, né?

— Parece que antigamente se chamava Napica... Felizmente trocaram as sílabas num documento.

Enquanto conversávamos, meus pais chegaram para nos acompanhar no lanche, o qual em seguida foi servido.

Papai fez uma série de perguntas a Robinho. Queria saber sobre o projeto de cobrança de taxa rodoviária – por fora – a todos os caminhoneiros que passassem por Canapi.

Quanto a mim, nada mais tinha a contar. Agora que deixara de ser um homem público, sentia-me desorientado. Não que durante meu mandato tenha feito lá grandes coisas ou trabalhado muito, mas era reconfortante apresentar-me às pessoas como 'deputado federal'.

Papai, então, fez elogios a Robinho e a mim demonstrou menosprezo. Frequentemente, me olhava com desdém e lançava indiretas no intuito de humilhar-me diante de todos.

— Joselito agora aproveita para dormir um pouco mais do que o habitual...

— Ele podia trabalhar no banco contigo, Lobo...

— De jeito nenhum!

Nesse momento, a odiosa fumaça do seu charuto entrou direto nas minhas narinas e eu tossi que nem um infeliz. E ele nem se deu ao trabalho de dar uns tapinhas em minhas costas. Não fosse mamãe, eu teria morrido.

— Olhem só essa reportagem — disse papai, rindo ao abrir A Folha do Estado, na segunda página.

— 'Nova pesticida extermina com a cikatoga.'

Fui ingênuo em perguntar que diabo era cikatoga.

— É um tipo de fungo ou verme que ataca as folhas da bananeira — foi a vez de mamãe responder.

Robinho perguntou o que tinha de interessante naquilo.

— Nada não — respondeu mamãe, na esperança de desviar o assunto, já que Robinho desconhecia o tipo de verme que eu nascera e qual tipo de planta eu atacava.

Revoltado com a atitude de papai, fiz naquele instante o que nunca ousara fazer antes. Lembrei-lhe do fato dele ser vegetariano e adepto do budismo, mas não amar nem respeitar o próximo, muito menos os animais.

— Não seja radical, meu filho. O lobo ama tucanos...

— Mas só enquanto estão com a plumagem viçosa. Quando envelhecem, ele mata de fome...

— É a natureza humana...

— A senhora quer dizer a natureza *dele*.

Papai irritou-se comigo. — Pare de se coçar; é deselegante.

Mais uma vez o medo que sentia dele dominou meu imaginário e o sentimento traduziu-se em coceira e intumescência nas partes próximas às ancas e sovaco. Quanto à coceira, gostosa que nem bicho-de-pé, particularmente, não me incomodava, mas ficava frustrado por não entumescer o que insistia em permanecer mole.

Fazer o quê?

Fora de mim, retirei-me. Fui para meu quarto fazer anotações em meu diário, que dava seus primeiros passos. Aproveitei para atualizar os fatos ocorridos durante o dia e escrevi sobre a paranoia que começara recentemente, ao alimentar meus chimpanzés, na fazenda São Jorge. O medo começou quando percebi que, ao aproximar-me para alimentá-los, todos pararam de pular nos galhos dentro da imensa gaiola e olharam-me de rabo de olho. Como em flashes, revi cenas do meu nascimento e das olhadelas que o médico e a enfermeira trocaram entre si. Instantaneamente, senti pavor de ser confundido e comido como um cacho de bananas. Será que posso confiar neles?, perguntei-me, mas, por segurança, decidi afastar-me da fazenda.

Sem emprego e nem macacos para cuidar, o tédio tomou conta de mim. Passei a odiar as horas que se arrastavam e me paralisavam o espírito.

Vendo meu desânimo, Robinho propôs retomarmos algo que fizemos quando criança e que abortou no nascimento. Sem titubear topei na hora e assim nasceu o jornal O EXALTADO.

Convidamos os jornalistas Moblat e J. Bastos, um morenão, segundo aquele, que trabalhava nO Universo, para nos orientar. Por sabermos que Moblat era desonesto, capaz de vender a própria mãe, decidimos que ficaria responsável pelos contatos locais (assim o teríamos sob vigilância), ao passo que J. Bastos seria o correspondente incumbido da capital federal. Eu preferi gerir o caixa, e Robinho ficou com a Presidência.

Vapt-vupt aluguei uma casa e armamos o quartel-general de oposição ao Bigode. Nem demos tempo do governo começar direito, já atacamos a economia, pressupondo que um homem com bigode, vindo do povo não poderia ser bem sucedido numa área tão sensível.

O sucesso do jornal foi enorme. E o mal-entendido entre nós quatro, imediato. Moblat e J. Bastos nos chantagearam de revelar nossas mentiras, caso não os deixássemos entrar para a sociedade.

Não saberia dizer se nosso ego cresceu antes ou depois de nos denominarmos 'Direção dos Notáveis', mas que a rixa entre nós cresceu, ah, disso não tenho dúvidas! Passamos a nos sentir os donos do mundo e nos tornamos senhores sem escravos. Todos queríamos mandar, mas ninguém obedecer.

— Quem vai assistir hoje à palestra do Bigode na Sociedade dos Empresários? — perguntei.

— Eu não vou.

— Eu também não.

— Nem eu.

— Então, que o Moblat escreva qualquer mentira — propus, confiante no respaldo que receberia dos setores conservadores da sociedade.

Ao mesmo tempo em que me tornava combativo na política – coisa que não fora enquanto deputado – minha paixão por banana crescia. Lembro que alguns meses depois da vitória do Piaçava, ao chegar no escritório no meio da tarde para dar início ao trabalho, a primeira coisa que fiz foi perguntar se o cacho de banana-maçã que comprara havia chegado. Os sócios olharam para mim, como se eu fosse um débil mental.

— Sabe o que você poderia fazer com essas bananas? — perguntaram todos em tom suave, sem demonstrar irritação.

Fingi não entender.

— E a informação a respeito da CPI do Começo do Mundo? Você deu a entrevista combinada? — perguntou J. Bastos.

Aqui tenho que fazer um parêntese. A tal CPI (Comissão Parlamentar de Inquérito) tinha como nome original CPI do Zodíaco e fora criada para investigar irregularidades no horóscopo. Por nossos valorosos representantes do parlamento quererem defender os direitos do povo, da maneira mais abrangente possível, decidiram investigar se a cozinheira e o motorista do Piaçava faziam mapa astral. Daí até perceberem que Adão e Eva brincaram de pica-esconde com os animais do zodíaco no paraíso foi um pulo. Mas, se isso era verdade, se perguntaram os nobres parlamentares, como explicar a tese de Darwin de que o Homem não fora criado por Deus da maneira descrita na Bíblia, mas surgira de um processo evolutivo? As dúvidas em relação à existência dos Pais da Humanidade eram inúmeras, e, em consequência, decidiram enviar uma comissão às Ilhas Galápagos, para entrevistar a Tartaruga de Darwin.

— Os representantes da comissão embarcarão em breve...

— E quem foi escolhido para representar os interesses ligados a nós?

Antes de responder, inquiri se pelo menos a nova geladeira duplex chegara.

— Para o diabo com a geladeira — exclamou um dentre eles.

— O que sei é que ninguém do Piaçava dignou-se a tomar parte na comitiva. Isso apenas comprova a falta de interesse deles com relação às questões populares.

— E a entrevista sobre a CPI você deu? — tornou a perguntar Moblat, aos berros, com sua maneira irreverente de falar.

Tranquilizei-os: — Sim, e os grandes jornais do país se encarregarão de despejar meu julgamento sobre essa raça abjeta. Disse-lhes que o crescimento da economia não deverá ser afetado pela CPI, nem que a crise política se aprofundará, caso o Bigode seja apeado do governo. Acrescentei que o país continuará no rumo certo, pois tem instituições sólidas. Agora, cadê minhas bananas? — perguntei por fim, raivoso.

— A quê crise econômica você se referiu? — quis saber Robinho que não via crise, pelo contrário.

— Sei lá. Joguei merda no ar. Os jornais se encarregarão do efeito ventilador, espalhando a mentira pra todo lado.

— Temos que atacar o núcleo duro desses radicais sonhadores que apoiam o presidente — esbravejou o Moblat.

— Eu só pedi banana, não pedi abacate.

— Que diabo você está falando? — perguntou o Moblat.

— Você falou de núcleo duro...

— Idiota — revidou Robinho, irritando-se com minha explicação.

— Mas e a geladeira chegou?

— Eu fui contra a compra desse monstro. Tínhamos uma pequena, que servia muito bem — falou J. Bastos com ódio.

— Ah, não. Eu também quero uma grande! — exclamou Robinho, serelepe.

— Então coloquemos em votação. Se nós dois perdermos, devolveremos o motivo de nossas avenças — falei e fui até à mesa de Robinho, a mais próxima, onde apanhei um papel. Quando baixei a cabeça para anotar os votos, percebi que atrás havia anotações:

Firma Tudo Azul / transp./ dia 25. Mensal / dep. conta Rob.
Emp. Casas das Gorduras / 30 / Rob. / tel. 2425-2525.
Correios / Canapi comis. / setor trans. aéreo / cad. 15 dias.
Trasp. alim. infant. / 10% somte (apoio cl. Dep.EP).

Curioso, perguntei a Robinho o que aquilo queria dizer.

— Nada, não — respondeu sem me olhar.

Moblat e J. Bastos também se interessaram pelas anotações. Cercamos o cantor de ópera. Ele tentou refugiar-se atrás da mesa. Foi inútil, pois eu e Moblat fomos por um lado, enquanto J. Bastos foi pelo outro.

— Conta! — pedi amigavelmente, enquanto puxava-lhe a camisa.

O safado tentou escapar, passando por baixo da mesa; o que evitamos numa esperta jogada: Moblat correu para frente da mesa, enquanto eu e J. Bastos nos posicionamos de cada lado da cadeira diante da abertura onde se escondera. Ao insistir em sair pelo lado em que Moblat se achava, corremos e o seguramos pelos braços. J. Bastos fez-lhe uma massagem no estômago, o que fez Robinho reagir dizendo "ai", "ui". Sem dó, Moblat dobrou-lhe o braço atrás das costas e apertou.

— Fala, querido!

Seguiu-se um uivo de dor: — ai.

— Confesse! — exclamamos todos ao mesmo tempo.

— O.k., eu conto — disse Robinho por livre e espontânea vontade.

J. Bastos sugeriu sentarmos. Tomou o cuidado de posicionar-se atrás de Robinho, que puxou a cadeira, mas foi impedido de sentar-se por J. Bastos o qual apertou-lhe o pescoço com o cachecol rosa choque que Moblat costumava usar enrolado no pescoço.

— Sente! — insistiu Moblat.

Quando o empurramos, J. Bastos puxou a cadeira e Robinho estatelou-se no chão, gritando "uiui".

— Fala, ladrão, desembucha — gritei decepcionado com meu melhor amigo que, além de comer minha mulher, – o que não me incomodava – agora se mostrava corrupto.

— Vai, agora cante a sua Ópera do Malandro — recomendou Moblat e ofereceu-lhe a mão para se levantar.

Depois de J. Bastos fazer-lhe mais uma massagem no estômago, que o fez contorcer-se de dor, ele contou que eram pagamentos em troca de reportagens a favor da liberação da circulação de mercadorias em nossa cidade e em Canapi, nos moldes do liberalismo clássico que pregávamos.

— Ah, bom! — exclamamos.

— E esse 'apoio cl. Dep. EP'? — perguntei.

Para minha total surpresa – e choque – meu melhor amigo confessou que negociava a candidatura à presidência do Clube de Atiradores de Botas de Borracha a Longa Distância.

Ele mal acabou de falar, puxei-lhe alguns fios do seu peito cabeludo.

— Covarde! Você sabe que a presidência pertence à minha mãe e é vitalícia — esbravejei.

O argumento que usou para justificar as propinas não nos convenceu. Disse que tudo era causado por nossa recusa em aprovar seu desejo de ter um andar da geladeira só para ele e ter o direito de guardar todas as pizzas que lhe apetecesse. (O peso de Robinho nessa época girava em torno dos cento e cinquenta quilos).

Moblat, com pena de Robinho e desejoso de debelar o mal-estar entre nós, sugeriu que mantivéssemos as propinas; porém, as dividíssemos entre nós. O que foi aceito por todos.

Dona flor, que continuava trabalhando comigo, foi chamada e nos trouxe café fresco para comemorarmos o acerto.

Semanas depois, o dia no escritório começou tenso, com todos nós revoltados por Robinho passar informações aos principais jornais do país, em detrimento do nosso.

A turbulência desencadeou quando J. Bastos, por acaso, atendeu ao telefone da mesa dele e foi informado pelA Folha do Estado, que o 'valor combinado' havia sido depositado na conta indicada.

— Mas meu melhor amigo é também o maior ladrão? — perguntei um pouco decepcionado.

— Ah, deixa disso, meu — falou J. Bastos.

— Pare de fazer-se de vítima — constestou-me Moblat.

— Em todos os jornais que trabalhei tem corrupção — voltou a J. Bastos a se manifestar.

Baseado nos três equilibrados comentários, decidimos nos reunir, mais uma vez, para deliberar sobre a zona instalada. Moblat convidou-nos para uma macarronada a bolognesa e justificou que de barriga cheia seria mais fácil chegarmos a um acordo.

Durante as discussões acaloradas, foi-me delegado o poder de elaborar um Manifesto da Governabilidade onde nos comprometíamos permanecer no jornal "até o fim". Busca-mos, com essa atitude, passar a impressão aos nossos leitores de que éramos possuidores de moral e que podiam confiar em nosso julgamento. O risco de fracassarmos, se não nos mantivéssemos coesos, era enorme e a opinião pública se vol-taria contra nós, retirando-nos o direito conquistado de criti-carmos o governo. Como confiar neles se gerem a própria casa como se fosse a da Mãe Joana?, alegariam com razão.

"Estamos na direção desse grande jornal a serviço do, para e pelo povo", escrevi na primeira linha do Manifesto. Minhas articulações eram no sentido de evitar uma debandada e, o mais importante, que se efetuasse a escolha de um novo pre-sidente, numa transição negociada sob novas regras.

— Faço questão de colocar no documento a importância que a geladeira tem para o equilíbrio das nossas relações e para a conservação de minhas bananas frescas, pois gosto de comê-las bem geladas.

Houve unanimidade em chamar-me de macaco; o que não me ofendeu.

Não sei se foi o peso da macarronada no estômago ou o fato de nos entregarmos às reminiscências da infância ou mesmo às várias garrafas de vinho tinto que bebemos... o caso é que terminamos a noite sem chegarmos a nenhum consenso. Mas, para mostrar que lutávamos por nossos ideais, três dias depois da ressaca ter acabado, fizemos mais uma reunião para debelar a incerteza entre nós.

Abri a seção, relembrando o cargo de cada um dentro da estrutura do jornal. Em seguida, tornei a propor a renúncia de Robinho e, em troca da presidência, ofereci-lhe meu apoio em relação à geladeira. Robinho foi do contra. Queria a todo custo permanecer na presidência.

Apresentei-lhe o Manifesto da Governabilidade e disse:

— Assine a renúncia!

J. Bastos, à flor da pele, jogou-se sobre a poltrona e, em silêncio, passou a comer o resto das unhas das mãos.

— Acho que você devia definir o tempo na presidência — reclamou Moblat, desconfiado de que houvesse alguma trambicagem da minha parte.

Eu, nervoso, respondi que não dava; que ou era daquele jeito ou nada feito.

— Aqui consta que somos todos merecedores da confiança do presidente — falou J. Bastos com cara de troça e, em seguida, assoou o nariz dentro do jarro de planta próxima à janela.

— Porco! — falei.

Robinho cruzou os braços, andou de um lado a outro e, com olhar penetrante, tentou ler minha alma. Senti-me incomodado. De alguma maneira, ele percebia que eu mudava. Eu também sentia que algo em mim se transformava. E não eram apenas as coceiras debaixo dos braços e dos lados das pernas. Era algo mais profundo.

— Quem está por traz desse golpe nojento? — perguntou-me Robinho, certo de que eu sozinho não teria a genialidade de abatê-lo do posto. — Você andou conversando com alguém?

Balancei a cabeça em sinal negativo e Robinho brandiu o Manifesto diante do nosso nariz.

— Vocês andaram me traindo? — explodiu Robinho.

Respondemos todos ao mesmo tempo: Nããããoooo!

— Não acredito que da mente doente de vocês possa sair algo tão criativo — falou, mas logo lembrou das inúmeras mentiras que plantamos no jornal.

Para acabar com o impasse, acusei minha mulher.

— Quem teve essa ideia foi Clarinha. — Fiquei vermelho, passei para o tom pálido até ficar meio transparente.

— *Queeem?* — perguntou Robinho, incrédulo.

— Ela fez a sugestão enquanto eu massageava-lhe os pés depois de uma briga entre vocês dois. Clara pensou que você, cedendo o posto, conseguiria em troca as prateleiras na geladeira.

— Não posso acreditar — desabafou Robinho e sentou-se na cadeira mais próxima. Passado um instante, ele descalçou as meias e pôs-se a mexer com os dedos. Virei o rosto para não ter que presenciar ato tão íntimo. Tive a nítida impressão de que, com aquele gesto, queria me agredir; mostrar a intimidade que mantinha com minha mulher.

O clima tornou-se tenso e o silêncio mais denso a ponto de ser cortado à faca. Mas, no final, o bom senso prevaleceu. Robinho viu que, mesmo me agredindo, eu não abriria mão. Sem força e desmoralizado, assinou a renúncia.

Fiz cópias e distribuí, certo de haver selado um momento e um documento histórico. Estava dado o golpe que eu projetara: eu havia introduzido um mecanismo na eleição que me eternizaria na Presidência – e no controle da geladeira!

Retorno às origens

A tomada da presidência do jornal provocou-me uma sensação de poder tão grande, que, momentaneamente, esqueci as coceiras e o intumescimento pelo corpo. Encontrava-me inebriado e sentia-me forte para atacar o governo ou quem quer que atrapalhasse o meu caminho. Criticava todas as propostas que o Piaçava fazia e, quando ele precisava de maioria no parlamento, eu dizia: "Quer aprovar leis? Então compre os votos porque meu partido está do outro lado do muro" e aconselhava os representantes do GUIA irem para a praia tomar sol e água de coco.

O poder de penetração da mídia em geral e do nosso jornal em especial era tão grande que eu não me sentia apenas acima da lei; eu me tornara a própria lei. O que eu dizia cria ser a única verdade, o único ângulo possível de um fato. E o povo, idiotizado, acreditava. Com a mídia, vi que meu poder era maior do que o pseudopoder dos políticos que construíamos, destruíamos e derrubávamos. E não pedíamos desculpas, caso nos enganássemos.

Foi nesse período que percebi que a idade deixara Clara mais bela e em paz consigo mesma. Hoje estou certo de que sua autoconfiança era resultado do seu envolvimento com a comunidade que via nela a sucessora de Vágner e Isolda, amados e admirados por todos. Meus pais, pelo contrário, não só mantiveram, como intensificaram o ódio e o nojo pelos nativos, os quais continuavam denominando de 'desprezíveis'.

Num ensolarado domingo de outono, Clara e eu fomos passear no zoológico. Na entrada, enquanto esperávamos o guichê abrir, tivemos que dividir o sorveteiro com as crianças, ansiosas por ver os animais. No momento em que os portões foram abertos, como numa enxurrada, fomos levados por elas que gritavam e corriam em todas as direções em busca dos animais de suas preferências. Nos informamos no painel diante da entrada sobre as aves recém-adquiridas pelo zoológico e nos dirigimos para lá. As vielas limpas, os jardins tomados por flores e plantas tropicais, cestos de lixo espalhados por todo canto, relembraram-me, por um segundo, a viagem que fizera há algum tempo atrás pelo país. Instintivamente, comparei nosso padrão de higiene com a sujeira do povo do Norte. Seguimos as setas e depois o canto dos pássaros. Vimos aves de todo o continente americano. Que lindo! Ao passar diante de um enorme viveiro, me chamou a atenção o nome Aves do Brasil. Deliciei-me ao ver os curiós, beija-flores, bem-te-vis e papagaios. No galho mais alto, bem no canto, vi um tucano preto, de peito amarelo e barriga vermelha.

— Papai nunca teve um desse tipo — comentei.

Parado diante dele, fiquei a imaginar como o pobre conseguia voar com tamanho bico. E pus-me a imaginar métodos para facilitar-lhe o voo.

— Eles têm dificuldades em voar; por isso, pulam em bandos, de galho em galho, fazendo grande algazarra... — explicou-me Clarinha.

— Mas, e se serrássemos o bico?

— A natureza os fez para não dar grandes voos...

— E se...

— Veja ali o uirapuru. Tão pequeno, mas canta como uma dádiva de Deus. Segundo uma lenda amazônica, quando outros pássaros o ouvem cantar, calam-se para ouvir sua canção. O tucano, pelo contrário, é ave orgulhosa de sua exuberante plumagem; nada faz além de se mostrar.

Não fosse o interesse de Clara pelo macaco barbudo, que sirigaita brincava com ela de longe, eu teria ficado mais tempo diante do viveiro.

Nosso passeio foi relaxante. Pela primeira vez, tivemos a chance de conversar sobre algo que intuitivamente evitamos durante todo o nosso tempo de casados. Clara perguntou por que nunca me interessei em ter filhos.

— E como, se nunca consegui...

— Por inseminação artificial.

Expliquei-lhe que o medo no meu espírito não apaziguou com a revelação de vovó. Tendo filhos, a cada três gerações, eu perpetuaria o surgimento de vermes no seio de nossa família. Eu ficava intranquilo ao ler diariamente sobre mutações observadas por cientistas nos vegetais e animais. A poluição provocando o nascimento de tartarugas com duas cabeças, árvores doentes, alimentos transgênicos, pessoas sendo clonadas por seitas adeptas do sexo livre e grupal, cachorros quase falando de tanta alegria ao verem seus donos... Evidentemente que tudo isso me atemorizava.

Revendo os últimos meses, estou certo que o passeio que fiz com Clara foi o último ato sublime de uma vida cheia de decepções. Uma série de fatos desagradáveis aconteceu a partir daquele dia, empurrando oExaltado e minha vida para a lata de lixo da história.

O resultado da viagem da comissão às Ilhas Galápagos foi pífio. Os enviados da CPI não conseguiram qualquer informação precisa da Tartaruga de Darwin. Retornaram de mãos abanando, dizendo que ela era tão preguiçosa quanto o Presidente e que usava aquele casco para despistar. Ameaçaram, inclusive, arrancá-lo para ver se nada escondia por baixo e, por último, acusaram-na de ter certamente recebido por fora, para calar-se. Ela silenciou e, mesmo sob ameaça de pedirem apoio ao FBI, para investigarem se possuía conta bancária nos Estados Unidos, manteve o passo e não se apressou.

Meus ataques ao governo federal intensificaram-se. Não passava um único dia sem que não estampássemos na primeira página os descasos do Piaçava. Como exemplo, cito o dia em que ele deu início ao projeto de uma grande obra no Norte, onde seriam investidos bilhões de dólares, gerando centenas de milhares de empregos. No dia seguinte, publiquei sua foto na primeira página, com a camisa suada debaixo do braço, sob sol de 35 graus e escrevi: 'Nem camareira ele tem!' Bati forte na questão da sua falta de liderança, condenei a corrupção deslavada e generalizada nos órgãos públicos e o critiquei por não trabalhar. 'Vai trabalhar, vagabundo!' – foi uma das manchetes. Escrevi que o maior pecado de um político era a sem-vergonhice e a perda de respeito. Isso acontecia quando não se realizava o que prometia. Literalmente, escancarei que um político tinha que se dirigir à plebe com honestidade e crença no que dizia. Propus levar um pouco de racionalidade à nação que despencara na ilusão da emoção. Lembrei aos meus leitores que eu podia não ter feito tudo que queria para o Estado, mas que não fizera nada diferente do que propagara.

Resumindo: eu chicaneava tudo que ele porventura tocasse. A questão ficou tão acalorada que ameacei dar-lhe na cara; o que motivou alguns parlamentares a fazerem o mesmo.

Quanto mais poder o jornal adquiria entre os setores reacionários e conservadores da sociedade dita apolítica, o ódio entre nós quatro, motivado pela inveja, se generalizava.

Contra mim, Moblat aprontou uma boa. Usou parte da propina que recebíamos e dividíamos – irmanamente – para financiar uma suja fotomontagem com minha figura vestida de palhaço. E mandou colar por toda a cidade. Acusei-o de praticar crime hediondo e de fazer mau uso da propina que recebia. Disse que só uma pessoa de índole circense e nojenta poderia praticar ato tão repulsivo. Durante nossa acalorada altercação, descobri a origem de tanto ódio contra mim. Ele não esquecera o dia em que o classifiquei de 'sucuri com indigestão' por não me ajudar de maneira efetiva na arte da retórica demagógica. Com os pôsteres espalhados pela cidade, ele extravasava o ressentimento recalcado por meu desarranjo linguístico.

Mal a poeira assentou, Robinho chegou no escritório esbaforido, contando que J. Bastos, nosso inestimável sócio, o havia denunciado à Câmara por receber propina das transportadoras que cruzavam a cidade de Canapi. Sua estabilidade emocional, que já não estava lá grande coisa, devido o descaso e desinteresse de Clara pela relação, foi mais afetada a ponto de, frustrado, dedicar seu tempo livre – o dia todo – a comer com mais voracidade.

— Você não percebe que na geladeira não comporta mais pizzas? — perguntei-lhe angustiado.

— Então tire a droga dessas suas duzentas bananas, que sobrará mais espaço.

— Elas não!

O motor da geladeira pifou – o que nos obrigou a transportar nossos alimentos básicos para o freezer do açougueiro ao lado, em um caminhão.

Durante o processo contra Robinho na Câmara dos Vereadores e mesmo na Justiça comum a qual recorreu, Clara perdeu as esperanças de que o relacionamento viesse a melhorar e acabou. Claro que Robinho não aceitou assim, calado, minha mulher terminar o caso com ele. Mas o pior de tudo foi ver minha fortuna crescer proporcionalmente à plantação de cannabis sativa que eu fomentara em parte das fazendas de papai. Por isso, não foi surpresa quando soube que a Polícia Federal se encontrava com uma grande equipe na fazenda São Jorge.

— Mas eu nada fiz! Esses quinhentos mil alqueires foram plantados sem meu conhecimento — argumentei, certo de convencer o agente da PF.

— Ouvimos todas as suas conversas telefônicas com autorização do juiz, seu Joselito.

Perguntei ao inspetor se ele poderia, pelo menos, me apontar qual dentre meus sócios havia me denunciado.

— O senhor é odiado por todos. Tire suas conclusões — respondeu o idiota, na tentativa de me deixar com a pulga atrás da orelha.

Mal o Estado deu início ao processo contra mim, o de Robinho terminou. Ele foi cassado. E seu pai, que há muito deixara de ser senador, perdeu todos os bens no pôquer e a vida num acidente de cavalo. Robinho, para sobreviver, decidiu praticar o que nunca fizera antes: advocacia. Por sorte, o cargo político que ocupara o tornara conhecido, facilitando-lhe o acesso a alguns processos. Perdeu todos. Desesperado, retornou de Canapi. No caminho, foi ouvido pelo dono de um circo enquanto cantava no toalete de um restaurante de beira de estrada. Imediatamente foi convidado a fazer parte da trupe. Nunca mais nos falamos e pelo menos até onde sei, ele faz shows, cantando operetas em pequenos teatros e circos do interior.

Voltando um pouco na minha narrativa. Lembro-me de que, mesmo durante essa difícil fase de denúncias, ainda tentamos manter o jornal funcionando. O problema foi que, devido às preocupações constantes, passei a jogar no vaso sanitário cascas de banana, e Robinho plásticos de pizza congelada. Não deu para segurar. As fezes transbordaram até o ponto de transformar o jornal num mar de excremento. Perdemos os equipamentos e todo o investimento foi para o espaço.

Como a desgraça nunca vem só, minhas pernas e braços passaram do estágio de simples intumescência, a membros indesejados. Desesperado, fui à biblioteca da faculdade de medicina da cidade. Apresentei-me como médico e perguntei onde se encontrava a área especializada em defeitos congênitos. Pedi acesso aos livros sobre deformidades.

— Algo específico? — perguntou-me a secretária.

— Vermes..., animais gosmentos com muitas pernas, repugnantes...

Ela não soube me ajudar.

Caminhei ao longo das prateleiras e li títulos sobre deformidades do caráter e distúrbios de personalidade. Continuei a esmo. E nada. Andava em busca de algo que nem mesmo sabia se existia. Dei uma passada de olhos em bibliografias, folheei revistas científicas e artigos internacionais encadernados. Desanimado, sentei-me e fiquei a olhar os livros largados sobre a mesa de leitura. Observei que à minha frente encontrava-se um rapaz que lia um pequeno livro com muito interesse. Pensei sobre o que poderia ser, mas logo desviei o olhar para a frondosa árvore que resguardava a janela do sol intenso do meio-dia. Lembrei-me de papai, da minha incessante busca em realizar-lhe os sonhos e da constatação de que, por mais que fizesse, nunca conseguiria preencher seus desejos – seu ego era maior do que sua fortuna. Revi cenas dos meus primeiros anos de vida, sozinho, das brincadeiras com meus animais importados, da solidão que não deixei de sentir tanto quanto da dor da exclusão.

Voltei ao presente, ao ouvir o rapaz diante de mim suspirar profundo. Ele fechou o livro e o colocou sobre a mesa, demonstrando estar satisfeito com a leitura. Permaneceu sentado mais um instante e depois se levantou; não sem antes dizer "muito interessante!". Após retirar-se, apanhei o exemplar displicentemente e pus-me a folheá-lo. Qual não foi minha surpresa ao constatar que tinha um achado diante de mim. O livro relatava uma história passada no final do século XIX. Nele, o autor narrava, de maneira detalhada e apaixonante, a transformação de um mascate dominado pela figura do pai – que nem eu – em um monstro asqueroso e repugnante. Foi uma das leituras mais fascinantes que fiz. Após as duas horas que precisei para degustá-la, alegrei-me por descobrir não ser o único verme no mundo. Mas tive o desprazer de constatar qual seria o meu fim. Ah! O livro chamava-se 'A metamorfose' e fora escrito por Franz Kafka.

Voltei para casa desanimado.

À medida que os dias passavam, meu estado de apatia se acentuava. Mamãe, pragmática que nem o capeta, logo concluiu que meu miserável estado de ânimo estava ligado ao fechamento do jornal, ao processo acelerado de denuncismo entre os sócios e, por fim, à febre que me atacava de vez em quando e nenhum antibiótico derrubava.

Semanas após a visita à biblioteca, mamãe finalmente se

dispôs a se desfazer dos pertences de vovó e descobriu, entre suas correspondências, documentos de ancestrais que nasceram com o mesmo problema que o meu. O maço de papéis amarrado por uma fina corda estava num pequeno baú que vovó guardara como algo sagrado. Mamãe o desamarrou. As cartas estavam numeradas de acordo com a data. À medida que ia abrindo e lendo, foi compreendendo o que acontecia comigo. Há muito começara o meu processo de regressão ao estado de verme. O primeiro sinal de que a sina se confirmava foi a escamação da pele de mamãe, enquanto eu viajava pelo país.

— O que sua vó, um pouco antes de morrer, respondeu quando você lhe perguntou sobre os comichões e irritação na pele? — perguntou mamãe, segurando uma das cartas na mão.

— Mas isso foi há tanto tempo...

— Gostaria de confirmar — falou meio misteriosa.

— Ela fez três pontos no ar: um em cima e dois formando uma linha paralela ao chão e perguntou o que eu via.

— E você, o que respondeu?

— Que via três pontos.

— Não um triângulo?

— Não.

Mamãe pôs-se a chorar.

Na carta que mantinha aberta sobre os joelhos, estava escrito que, a partir do momento em que eu perdesse a capacidade humana de transcender e abstrair a figura geométrica dos três pontos, eu entrara na fase final de regressão ao estágio de verme.

— Então não temos mais muito tempo...

— O que a senhora quer dizer com 'muito tempo'?

— Aqui diz que o ciclo se fechará 25 meses depois dela morrer, soltando baba.

Inicialmente, mamãe desesperou-se. Chorou, gemeu e rangeu os dentes, como só uma mãe pode fazer quando vê seu filho sofrer. Papai, que nunca sequer choramingara, segundo ele nem quando nasceu, mostrou-se indiferente.

Foram dramáticas as mudanças que sofri nas semanas seguintes. Meu tamanho físico reduziu tanto quanto meu apetite. Em um único mês regredi pela metade, mais um mês, mais uma metade, até atingir o tamanho de um verme gigante. Acho que devido à minha idade, os novos – ou velhos? – braços e pernas surgiram cheios de cabelos pretos enrolados e duros como filamentos. O suor que eu transpirava era pegajoso e fedia à casca de banana raspada. A pesada crosta presa às minhas costas me envergou de vez e passei a buscar os cantos escuros do quarto para me esconder.

Mamãe ficou com pena do meu isolamento, e por isso sugeriu que o melhor lugar para eu me ocultar seria o jardim de verão. Mandou colocar pés de banana em enormes jarros de cerâmica, trocou as cadeiras de vime com acolchoados de seda por móveis velhos e acabados, retirou os tapetes persas e as pinturas das paredes e mandou espalhar estrume pelo chão. E por fim, para eu comer e beber, tomou emprestado dos meus cachorros um prato e uma lata de doce de banana vazia.

Quem está de fora pode pensar que mamãe foi má ou insensível, mas não foi, não! Basta lembrar que eu me transformara em um verme. E, para meu deleite, eu passava horas tomando sol de barriga para o ar ou furando buracos nos troncos das bananeiras em busca de sua seiva.

Venham passar uns dias comigo! – Assim tia Paula terminou o convite, que pegou a todos de surpresa.

Lembro-me de que, logo após meu casamento, ela viajou para o Norte a convite de um dos coronéis, seu admirador. Antes da partida, ainda no aeroporto, estava nervosa com medo dele desconsiderá-la ou fazer-lhe algo deselegante, pois o povo daquela região é diferente dos habitantes do Sul. Depois de duas semanas, porém, escreveu um postal nos revelando sua decisão. "Já passei da metade da vida que Deus me deu. Decidi que não perderei mais nem um dia tentando manter aparências. A vida é uma só. Quero aproveitá-la, tomando água de coco debaixo de palmeiras e embalando na rede da varanda da casa de praia do meu chuchu".

Ela nos deu a impressão de estar muito feliz.

Em casa, foi um reboliço só. Papai, mamãe e Clarinha aguardavam no meio da sala, entre dezenas de malas, a chegada do táxi que os levaria ao aeroporto.

— Clara, minha filha, você já se despediu do seu marido? — perguntou papai à sua herdeira universal (muita terra ainda sobrou depois do governo do Piaçava ter tomado as áreas plantadas com canabis e distribuído entre os idiotas dos sem-terra).

— Sim. Borrifei água sobre ele para refrescar — respondeu. E, em seguida, dirigiu-se à mamãe. Queria certificar-se de que eu receberia água nos meus últimos dois dias de vida.

— E a senhora deixou água suficiente?

— Sim — respondeu mamãe.

Eu já me encontrava debilitado. Passava grande parte do tempo debaixo do sofá rasgado, comia pouco e quase ninguém vinha me visitar. Meu contato maior era com uma mão que eu via aparecer de vez em quando. Ela jogava bananas pela porta entreaberta e em seguida desaparecia.

Mais dois dias e os 25 meses fechariam o ciclo de minha vida.

Mamãe combinou com o jardineiro para que ele apanhasse meus restos, um dia após minha morte, e os atirasse no incinerador, concluindo o trabalho com uma grande faxina no jardim de verão. Quando ela retornasse, gostaria de encontrá-lo limpo e decorado como antes.

O táxi chegou.

As duas mulheres saíram da casa. Papai, que nunca viera me visitar, entrou no esconderijo e pôs-se a procurar por algo. Escondi-me dentro do jarro, juntinho da bananeira. Observei sua dificuldade em se mover no entulhado espaço. Com uma mão, ele tapava o nariz para evitar o mau cheiro que exalava da imundície e, com a outra, empurrava os muitos objetos e móveis espalhados pelo chão. Ouvi o barulho de coisas sendo chutadas e derrubadas. Em seguida, Escutei um estranho silêncio. Seus passos aproximaram-se. Levantei a cabeça timidamente e meus olhos encontraram-se com os dele. Suas mãos atrás das costas me provocou insegurança. Paralisado pelo seu olhar, não tive coragem de fugir. Como que em câmara lenta, vi um dos seus braços mover-se em minha direção. E só vim a entender o que se passava, quando ouvi o barulho do spray e senti o mau cheiro e os respingos do veneno contra vermes tocar meu corpo debilitado.

Encolhi-me.

Papai riu com o canto da boca, inspirou a fumaça do charuto com força e soprou sobre mim. Olhei-o com tristeza. Ali estava o homem que fora meu exemplo.

Nisso, mamãe abriu a porta, botou a cabeça para dentro e com voz doce chamou meu pai:

— Vamos, Adolfinho, meu lobo, o táxi nos espera!

Glaubst du am Politik?

Theater Stuck

Die fünf Freunde treffen sich regelmäßig, um zu spielen und zu kiffen. Angela, Gerhard und Fritz kommen an diesem Wochenende. Leider sagen Joschka und Rudolf ab, da der eine laufen muss und der andere mit seiner Freundin ins Schwimmbad gehen will.

ISBN 978-3-8391-5291-1, Paperback, 108 Seiten

Welch ein Wurm!?

Glória Leite

Was sind Politiker anderes als Zweibeiner mit menschlichem Aussehen und dem Charakter eines Wurms?

ISBN 978-3-8370-0275-1, Paperback, 148 Seiten

Mein Lieber Herr Mann!

Eine Brasilianerin in Deutschland erzählt.
Helena, eine junge Frau aus Brasilien,
kommt mit Hilfe einer deutschen Familie
nach Deutschland.
Im Altenheim lernt sie einen alten Mann
kennen. Sie entdeckt, dass zwischen ihnen
eine geheimnisvolle Verbindung besteht.

ISBN 978-3-8423-6264-2, Paperback, 224 Seiten